曾仕强 著

诸葛亮的人生智慧

中华工商联合出版社

图书在版编目（CIP）数据

诸葛亮的人生智慧 / 曾仕强著 . -- 北京 ：中华工商联合出版社，2022.7

ISBN 978-7-5158-3433-7

Ⅰ．①诸…　Ⅱ．①曾…　Ⅲ．①诸葛亮（181-234）—人生哲学　Ⅳ．① K827=362

中国版本图书馆 CIP 数据核字（2022）第 072791 号

诸葛亮的人生智慧

作　　者	曾仕强
出 品 人	李　梁
责任编辑	吴建新　林　立
装帧设计	介　桑
责任审读	李　征
责任印制	迈致红
出版发行	中华工商联合出版社有限责任公司
印　　刷	天津文林印务有限公司
版　　次	2022 年 7 月第 1 版
印　　次	2023 年 7 月第 2 次印刷
开　　本	787 毫米 ×1092 毫米　1/16
字　　数	172 千字
印　　张	16.25
书　　号	ISBN 978-7-5158-3433-7
定　　价	68.00 元

服务热线：010-58301130-0（前台）

销售热线：010-58302977（网店部）
010-58302166（门店部）
010-58302837（馆配部、新媒体部）
010-58302813（团购部）

地址邮编：北京市西城区西环广场 A 座
19-20 层，100044

http://www.chgslcbs.cn

投稿热线：010-58302907（总编室）

投稿邮箱：1621239583@qq.com

工商联版图书

版权所有　盗版必究

凡本社图书出现印装质量问题，
请与印务部联系。

联系电话：010-58302915

目录 /CONTENTS

壹

人生即选择，至诚方能先知

人生最重要的就是定位　/003

人无志不立，立志当高远　/009

人生就是一连串的选择　/015

良禽择木而栖，选择领导须审慎　/021

至诚可以前知，预测未来才能做好计划　/027

知境、知机，做好阶段性调整　/034

贰

持平常心，谨守本分不妄动

谦谦处世，卑以自牧　/045

做人要聪明，不要精明　/054

反求诸己，方能获得天助　/061

人而无情，何以为人　/065

淡泊名利，宁静才能致远　/071

成己成物，勇于承担责任　/075

叁

同心同德，诚心不妄

先求忠诚，再求能力　/085

以诚感人者，人亦诚而应　/089

谋领导之所谋，想领导之所想　/098

站在领导的立场做事　/106

深怀忧患意识，才可免于忧患　/112

肆

做事靠能力，成事靠本事

越是大事、急事，越要缓办 　/121

做事谋始，才能心想事成 　/127

敢冒风险的人生有无限可能 　/132

发挥大智大慧，勿做曲知之人 　/140

无为才能无不为 　/144

伍

善识人用人，才能成就大事

用人之道，贵在识人 　/159

识人切忌只看表面 　/165

任用人才，但求合理 　/171

团队是心与心的结合 　/176

以身作则，修己方能安人 　/183

陆

携手难事可成，掣肘易事难为

超越输赢，合作高于竞争　/193

成全对手，就是成全自己　/199

上下同心者强，同舟共济者赢　/206

协同合作，才更有力量　/212

从大局出发，不要只看眼前利益　/219

柒

有智而气和，斯为大智

生而为人，当有君子之行　/225

做人不计较，格局决定结局　/232

领导就是被领导，被领导就是领导　/236

知足常乐，过好自己的日子　/243

人生之重，在过程不在结果　/248

诸葛亮的人生智慧

壹

人生即选择，至诚方能先知

人生最重要的就是定位

⟳ 定位不清楚，是一个人一生痛苦的根源。

"鞠躬尽瘁，死而后已"这句话是历代许多有志之士的座右铭。公元207年，诸葛亮出山辅佐势单力薄的刘备，先与孙、曹逐鹿中原，后与司马懿对峙多年。正是他的智慧，让原本无立锥之地的刘备走出困境，得到荆、益两州，三分鼎足，成就了帝业；也正是他的智慧，使刘禅能稳坐江山，长期与强大的魏国抗衡，让司马懿"畏蜀如虎"。

诸葛亮为什么能做到这些？非常重要的一点在于，他对于自己的人生有着准确的定位。

诸葛亮去世时只有54岁，他的人生以27岁为分水岭，被分为截然不同的两段。他27岁以前的生活有两个特点：第一，身逢乱世，旱灾、水灾他都经历过。我们经常说，要把历练跟经历这两个概念区别开来。历练和经历不一样，历练是要吃一些苦的。如果一个人"不知民间疾苦"，就很难体会成功的重要性。中国有句话，"吃得苦中苦，方为人上人"。孟子也说过："天将降大任于斯人也，必先苦其心志，劳其筋骨，饿其体肤，空乏其身，行拂乱其所为，所以动心忍性，增益其所不能。"说的都是这个意思。

有些企业非常重视干部和员工的历练，甚至专门开设"魔鬼训练营"以锻炼他们。开设"魔鬼训练营"最大的目的不是给员工提供什么东西，而是让员工知道活在世上有多少困难。干部要多加历练才能开阔眼界，增长知识，积累经验，以应付工作中可能会出现的各种各样的困难。如果一个人没有经过历练，最好不要当领导，因为他不知道民间疾苦，当了领导反而会耽误很多人。即使他想做好事，也不知道从何下手以及如何下手。

但诸葛亮不一样。第一，他从小就吃尽了苦头。他在三岁时失去了母亲，又在八岁时失去了父亲。因此，他从小就知道，这是一个动乱的时代，自己这辈子不是来享福的，所以他一直都保持着一种很宁静的心态。

第二，他知道自己不是来当皇帝的。当时，大家争着做皇帝，你争我夺的结果就是烽烟四起、兵荒马乱、民不聊生，人口数量也因此减少了很多。他知道，如果还有人想当皇帝的话，那遭殃的老百姓将会更多。

诸葛亮原本躬耕于南阳，在刘备的诚心邀请下出山。出山前后，诸葛亮的态度变化也体现了他对自己定位的清楚认知。起初，诸葛亮把自己的身价提得非常高，不轻易答应，但是一旦答应了刘备的邀请以后，就马上改变态度，向刘备下跪，称他为主公。在这一刹那，他的身份就完全改变了。没有答应刘备之前，刘备是刘备，诸葛亮是诸葛亮，两人之间没有瓜葛，互不相欠。可是一旦他答应了刘备，刘备就是他的主公，而且从今以后都不会改变。这是多么了不起的忠义精神。《三国演义》这样脍炙人口，也是因为"忠义"二字。因此有人认为，离开忠义我们就看不懂什么叫《三国演义》。

诸葛亮答应刘备之后，马上给自己做了精确的定位，他要做刘备一辈子的忠臣、一辈子的丞相。他甚至和自己的哥哥都划清了界限，只能谈公事，不可以会友，一直到死都没有改变。所以有人认为刘备最后要诸葛亮辅佐刘禅是在考验他，我认为这是不可能的，刘备到最后都不敢回成都，就表示他是有良心的人。刘备不敢回成都，就像武则天为自己留下一块无字碑一样。武则天不去评论自己的一生，只留下一片空白，让后人去评论她的功与过。刘备宁可死在外地，也要告诉天下人自己错了，是自己没有听诸葛先生的话，所以今天才败到这个地步，他没有颜面再回成都。现代还有多少人会这样做呢？

诸葛亮找准了自己的人生定位之后，又把学习目标锁定了两个人：一个是管仲，一个是乐毅。终其一生，他都在朝着这个定位和目标做着准备和努力。

知道此生所为何来，知道如何完成，知道如何做得更好。这是诸葛亮留给我们的一个重要启示。

现在的有些人没有什么定位意识，遇到什么就是什么。你把他放在哪个位置，他就做什么事情，全然不知如何规划定位自己的人生。一个人对自己的定位不清楚，是一生痛苦的根源。

人的一生，最重要的就是定位。为什么这样说？

人一生下来，都会有个别差异，也多多少少会有些缺点。我们这一辈子，就是要把这些各不相同的差异性修治起来。是不是修到人人都一样？不是，因为人人都一样，那就天下大乱了。我们要修成每一个人都有很独特的一种表现，这样这个社会才有办法分工合作。把每一个人都修成老板，那哪里去找干部？每一个人都修成干部，那到哪里去找领导？所以，每个人都要修成各自比较特殊的那一种形象，儒家把这叫作"慎独"。

慎独，就是说一个人在独处时要更加谨慎，即使没有人监督，也要规范自己的行为。我认为，慎独一词也可以理解为每一个人都有潜在的特性，都是不可取代的唯一。所以，人一定要充分了解自己。这就叫作自我定位，就是说作为一个人，你首先要知道你是谁。我这辈子是来做一个很优秀的钟表工人，够了；我这辈子是来做一个很优异的百米运动员，够了。每一个人，只要把自己潜在的长处发挥出来，就尽到责任了。

我们常常把见贤思齐这句话挂在嘴边，它在激励人的同时，其实也在害人。想想看，如果你很会画图，我根本不会画，我怎么跟你看齐？你很会打篮球，我根本就打不好，我怎么跟你看齐？你很会弹钢琴，我根本连五线谱都看不懂，我怎么跟你看齐？所以，见贤思齐是同质性的人才可以，我会弹钢琴，你也会弹钢琴，我听来听去，觉得你弹得比我好，所以我就想办法跟你看齐。更重要的是，见贤思齐不是指才能方面，而是指品德方面。像这些都搞清楚了，才知道要怎么去用才会用得恰到好处。

我们知道，拔河这项运动在中国有着悠久的历史。在一条绳子的中间设一个中心点，两边各有一队，然后比试哪队的力气大。我们在拔河时，通常是怎么喊口号呢？会不会只喊"一、一、一"？不会。

我们多半都会喊"一、二、三，一、二、三"。

当喊"一"的时候，就是要看准目标，不要胡乱开始。这时我们通常会抬头，天就出来了。喊"二"的时候，就是要站稳，稍微往下一蹲，就看到地了。喊"三"的时候，人就开始发力了。

从拔河的过程中，我们明白做事有三点很重要：一是方向，二是定位，三是行动。直到今天，所有的管理都是以此为依据的——先确定好远期的目标，然后找准市场定位，也就是公司在同行业里面居于什么样的位置、该做什么样的事情，最后再开始行动。

可见，定位的重要性有多大。

那么，一个人该如何给自己定位呢？至少需要思考下面三件事。

第一，知道自己应该做什么。

现在有一些人不知道自己应该做什么。比如，在平时的生活中，作为儿子，回到家后应该先问候父亲："爸爸，您有没有什么事？没有事的话我可以去做作业了吗？"这就是孝。客人来到家里，说"你跟我走吧"，作为儿子，一定要先问过父亲。没有问过父亲就跟人家走，说明你心里根本没有父亲的存在。其实像这些才是做人的根本，否则有多大学问都没有用。把位置定好，就会做什么像什么。

第二，知道怎么样守位。

比如，一家人围坐在一张桌子旁吃饭，孩子能不能直接拿起筷子夹东西吃？不能，一定要等大家坐齐了才动。那孩子怎么知道大家坐没坐齐呢？所以，做妈妈的一般都这样教孩子："你坐在这里，不要夹，妈妈会夹给你的。"妈妈为什么要夹给他？就是怕他弄得"天下大乱"。所以我们常说，妈妈是孩子的第一位老师。知道自己应该做什么，就要把分内的工作做好。

第三，不断改善，越做越好。

举个例子。你刚刚入职一家新公司，首先要先问清楚自己应该做什么事。最好先列一张工作表，然后一条一条去看自己该怎么把它做好。每隔一段时间，拿出来检讨检讨自己都做了没有，有没有什么遗漏的，这样你就会变得更好。如果一进公司就不懂装懂，认为自己什么都内行，恐怕不到三天就会跟所有人翻脸了。这就叫不守分、不守位，不知道位是什么。

人生就这么长，怎么去求上进走到应有的位置，是每一个人都要做的功课。

可是这当中，你到底是利用这个时间做好事还是做坏事，是奉献还是完全只进不出，这里面会有很多变化。

当然，不同的选择也有不同的后果，是福是祸，都将由你自己承担。

其实，我们眼中的智慧忠贤化身的诸葛亮，并非天生神人。他也是经过一番刻苦的磨炼之后，反求诸己，慢慢习悟人生之理，因时而动，整体布局，做好精准的预测，才终成一代名相。

他的一言一行，一举一动，都值得我们学习，他是历史上不多见的一位典范，也将永远活在我们心中，启迪着一代又一代追求智慧和开悟的中国人。

人无志不立，立志当高远

> 改变世界之前，需要改变的是你自己。改变从观念开始，是你的观念在决定成败，而不是环境。

人的一生中要面临许多选择，选择的轴心是观念，而人的成功就在于观念。一旦观念出了问题，不管你多么有能力，都失去了意义。可以说，观念是一切人生财富的心理根源！

但是，不少人从出生开始不断地把各色各样的观念堆积在自己的脑袋里，却很少整理。如果自己从来没有整理过，怎么能够期盼有一个清楚的头脑呢？人的脑袋，必须花费一番心思，来加以整理。整理脑袋，主要在理清自己的观念。

其实，改变世界之前，需要改变的是你自己。改变从观念开始，是你的观念在决定成败，而不是环境。我们首先要明确的一个非常重要的观念是，人无志不立，但是志向必须深长远大。立志的最高原则，中山先生认为"要立志做大事，不可做大官"。多为大多数人的利益着想，不可害及他人。

请问大家：做人的目的是什么？

如果问年轻人的话，可能有的会说，做人就是要求快乐。但如果只是一味追求快乐，今朝有酒今朝醉，就显得有些幼稚可笑了。有的人会说，做人努力打拼是为了赚钱，有了钱就能享受好的物质条件。

可是一生只为钱财奋斗，那就变成金钱的奴隶了。

被称为"群经之首，大道之源"的《易经》告诉我们，人生的真正目的，是求得心安理得，那才是人生真正的意义。

但如果直接讲心安理得，还是没有人听得懂。中国人用四个字就讲清楚了，叫作求得好死。大家从现在开始，只要碰到问题，能够用一句话讲出来，就表示你是真的找到了答案。

人生的目的，在求得好死。我们中国人骂人骂得最难听的就是"这个家伙不得好死"。只要不得好死，不管有什么样的成就都会一笔勾销了。求得好死不是不生病而死。人吃五谷，不生病反而是不正常的。好死是什么？是死得其时，死得其所，死得心安理得。这是非常不容易的事情。

所以，大家在制定志向的时候，要想想这个志向或目标能不能使自己心安理得。

诸葛亮曾告诫自己的儿子："志当存高远。"诸葛亮还用自己小时候的故事教育儿子。诸葛亮的先祖诸葛丰在汉元帝时曾任司隶校尉，诸葛家族在当地属于名门望族。诸葛亮的父亲曾任泰山郡丞，但在诸葛亮8岁时就过世了。诸葛亮和他的弟弟诸葛均以及两个姐姐从此都靠他的叔父诸葛玄抚养成人。

诸葛亮的幼年时期，正是东汉王朝极度腐败、民不聊生的时候，并且自然灾害不断发生。饥寒交迫、走投无路的农民终于爆发了黄巾大起义。

诸葛亮9岁时，西凉豪强董卓带兵进京废掉少帝，另立献帝，控制了东汉政权。野心勃勃的其他豪强借口讨伐董卓纷纷起兵，从此开始了豪强割据、军阀混战的大乱时期。

诸葛亮 13 岁时，曹操攻打当时占据徐州的陶谦，使诸葛亮的家乡面临毁灭之灾。为了躲避战乱，诸葛玄带领诸葛亮、诸葛均和诸葛亮的两个姐姐辗转到襄阳投靠荆州牧刘表。诸葛亮到襄阳后开始住在城内，在城南的学业堂里读书。17 岁时，他的叔父诸葛玄去世了，他就在城西的隆中山定居下来。

少年的诸葛亮背井离乡，目睹且亲身经受了混乱时代的灾难。他渴望安定，渴望统一，决心为消灭豪强、重建统一的国家而奋斗。为此，他在隆中生活时博览群书、广交士林，密切关注国家的局势，立志为重建强大的国家做出贡献。

诸葛亮在《诫外甥书》中曾写道："志当存高远，慕先贤。"这句话恰是他青少年时期的写照。年方 20 的诸葛亮，最景仰的先贤是帮助齐桓公推行法治、开发经济、"尊王攘夷"、成就霸业的相国管仲和联合秦楚三晋为燕昭王攻下齐国 70 余城的燕国上将军乐毅，并不畏时人的鄙视嘲笑，"自比于管仲、乐毅"。由于少年诸葛亮有慕效先贤的高远志向，因此他的治学态度就不同于常人。当时，大多数读书人都是本末不分地把书背得滚瓜烂熟，以便捞个一官半职；而诸葛亮读书却是务大略，去细碎，追本源，忌庸俗，从年轻时就培养了自己以经世济民为己任的高尚气质。

做事前先问应该不应该，凡是认定应该做的，就要择善固执，不屈不挠，不成功誓不罢休。大家秉承所学，立志为社会人群做一番事业，这才无愧于心，心安理得。

有了志向，还要做规划。只有这样，志向才能更好地得以实现。

我访问过一位一生做过很多长期重大规划的人："你这么有经验，做了这么多成功的个案，那你做规划的时候，你的要领是什么？"他只用了一句英文回答我："How to escape."然后，他接着说："你做规划，首先要想到怎么样才逃得掉。"我当时听不懂："做规划还要逃得掉？"他告诉我："当然，做规划到最后经常是把自己套牢了。"他说这话是很有道理的。

如果规划真的行不通，把自己套牢在那里，是很难看的。你规划的，到时候你又说钱不够用，实施行不通，大家不满意，你最后怎么能全身而退？作为做规划的人，你要想到，万一有一天叫你去执行，你该怎么办？当你做规划的时候，你要想到：实现这个规划的可能性，后人又会怎么看待你这个规划和你这个人。

其实说到底，做规划都不是考虑现在。哪有只考虑现在的？我做的这个规划，即使我的人不存在了，这个规划的成果还是存在的。

老实讲，现在很多规划被拆掉了，拆掉反而好了，没有证据，但是那些依然摆在那里的呢？人们天天经过都在讲："都是那个家伙搞的！"那不更糟糕！

所以，现在一些人随随便便就讲什么宏观规划、整体调整，我觉得不要这样比较好。人要包容、要体谅，我认为只要当官的人真的是为公着想，我们就应该包容他，应该体谅他。

中国人的很多事情就是个公私的分别而已。如果因为要避开你亲戚的家，你就把路修歪了，那所有人都骂你。如果你是因为正当的理由，那人家就不会骂你。

所以，做规划的人，下面这三点一定要记牢。

第一，要为公着想，不要为自己打算盘。

第二，要用心去走，走到走不通的时候，要向大家说明这是什么原因，大家就会谅解。

第三，越长远，越经得起时间的考验，这才是你真正的贡献。

很多东西，没有经过时间的检验，谁都不知道对错。因此，我们做十年规划，稍微有一点遥远，所以最好是做五年规划，因为五年比较容易掌握。但是五年里面，还要分长期、中期、短期；五年里面，前两年做什么，后两年做什么，最后一年做什么……要有弹性，不能一口气全都定下来。

物价不停地涨，原料短缺，人工费用，还有各方面的压力，再加上政策改变，又怎么办？太多的因素制约着整个规划。所以我们必须要了解，我是要做比较长远的规划，但是做了规划以后要能够随时去调整。

虽然变化越来越快，但是我们还是可以通过判断未来发展的方向，进而做出正确的决策。

做整体规划的人，要记住最后的那个衡量标准是什么。一句话讲完了，要让那些有私心、只讲利害关系的人骂你；要让那些真正替对方着想、有长远眼光的人说你好，就够了。

真正的好人，是有人说你好，也有人说你坏。所有人都说你好，你一定是"乡愿"，没有是非。那何必呢？但是，谁说你好，谁说你坏，这是关键。坏人说你好，好人说你坏，完了！好人说你好，坏人说你坏，你就是很好的人。用这种心情来做规划，会比较有成果。

中国的学问是高深久远，一通百通的。举个例子，我们有很多字的发音是相同的。比如"shi"（始）。所有事情开端的那个"始"最重要，而时间是拿来办事的，把事情办下来，做一个记录就叫历史。历史里面有很美好的东西，叫作诗歌。如果你有时间把同音的字找出来联系一下，会得到很多启示。

所以，我们必须认真思考我们的人生，是预先筹划，当事情来临时准备充裕，把事情做好，成功后心情轻松愉快；还是沉溺娱乐，消耗宝贵的时间精力，事到临头却毫无准备，做出的决定愚不可及，失败后才来郁郁寡欢。全看我们自己去如何选择了。

摆在我们面前的路永远不止一条，一切都是自己的选择。

人生就是一连串的选择

> 所谓命运，就是人对自己的选择。人的一生，正是一连串抉择的历程。

我们常说人生如戏。人生大戏的剧本，是演出者自己编写的，并不是另外有一位编剧来主宰全局的细节和变化。自编自导自演，是人生大戏的特色，符合"自作自受"的规律。

所谓命运，就是人对自己的选择。人的一生，正是一连串抉择的历程。运的意思，相当于运转。人生的过程有如车轮一般，时而向东，时而向西。有时转福为祸，有时则转危为安。转得好就叫幸运，转得不好便是厄运。那么，是谁在运转呢？当然是你自己。所以，你才是自己的主宰，应该对自己的一生负责。

诸葛亮的人生也是由他的选择所决定的。各位可以假设一下，如果诸葛亮不是选择刘备，而是选择投奔曹操的话，还有没有《三国演义》这个故事？《三国演义》就不存在了，历史就因此而改写。如果诸葛亮投奔曹操，也许曹操三年之内就能统一全国，老百姓也就可以减少很多的死伤，所以诸葛亮下山到底是对还是错，可能还需要讨论。但是你如果现在去问诸葛亮，如果让你重新选择，你会不会下山，我相信他还是说会。

为什么会诸葛亮会选择刘备？

第一个原因，恐怕只有中国人才懂，那就是刘备才是汉室正统。根据《三国志》记载，刘备是"汉景帝子中山靖王胜之后也。胜子贞，元狩六年封涿县陆城亭侯，坐酎金失侯，因家焉。先主祖雄，父弘，世仕州郡"。由此可见，刘备是地道的汉室宗亲，并且忠贞爱国，一心只想着报效国家。而诸葛亮自幼耕读，是一个不折不扣的儒生，也有着强烈的正统观念。在他看来刘备才是真正的汉室，曹操和孙权都有乱臣贼子的嫌疑。尤其是曹操，挟天子以令诸侯，名为汉相，实为汉贼；而孙权虎居江东已有三世，也怀有帝王之心。

　　为了"正统"这两个字，人们不惜抛头颅、洒热血。西方人对于正统这个概念并不是特别在乎，他们更在乎利益。他们赚了很多钱就创立什么富人排行榜，中国人则不同，我们一直信奉"财不外露"。

　　第二个原因，刘备有雄心壮志，又忠心爱国，怀有仁义之心，最得人心。刘备早年就有雄心壮志，早在袁绍兴兵讨伐董卓之时，只有刘关张三人赴会，而且还是不请自来，最重要的是他们没有屈身于任何一路诸侯的帐下，在关羽温酒斩华雄之后，建立了刘关张讨伐大军。刘备也是忠诚爱国的典范。在袁术称帝时，曹操发布讨袁檄文，号召天下诸侯共同讨伐袁术，只有刘备与之会盟。

　　由此可见，刘备不会放过一个造反的人，对汉室可谓一片忠心。刘备也是仁义的典型。徐州牧陶谦病危，想让刘备管理徐州，刘备三次退让，没有乘人之危。刘备一心只系天下苍生，处处为百姓着想，深受诸葛亮爱戴，所以诸葛亮最后还是选择了仁、明之主。

　　刘备求贤若渴，帐下缺少真正有才能的谋士。自助袁讨董后，刘备屡战屡败，被吕布赶得到处跑，又被曹操追杀，颠沛流离。直到后来遇到徐庶才有所改善，但很快徐庶也被曹操要挟过去，刘备只能流下悲伤的泪水，四处遍访名士。

诸葛亮这个时候投靠刘备必能得到重用，也能施展自己的才能和抱负。而曹操此时已经有郭嘉、荀彧、程昱等人，孙权也有周瑜、鲁肃和张昭，所以投靠刘备就成了明智之举。

诸葛亮出山之后也没有辜负刘备的厚望，屡战屡胜，最终为刘备建立了蜀汉政权。

既然生而为人，你就要好好活着。否则，你来干什么？可是，小孩子来到这个世界上，不知道如何来选择。因此，就需要父母老师给予启蒙，也就是把他的智慧启发出来。

在一个人成长过程中，最重要的能力是什么？就是选择的能力。但是，小孩子不懂得怎么选择，他对任何事情都是充满了好奇。我们也没有必要刻意把孩子培养成什么样的人，因为你强加给他的，不一定是他所需要的。

所以，要教育小孩子，做到这三点就够了：第一，使他养成良好的习惯；第二，培养孩子正确的观念；第三，重视正常的行为。只要你围绕这三点教养子女，除了给予他生活上的帮助和一些学习上的参考，其他的你根本不需要做。

举个例子。我们带孩子出去玩，他闹着要买玩具，你问他，买几个？他一定说，买好多。你说，没那么多钱。他说，买三个。那你说，三个，也太多了，一个人玩不过来，送给隔壁小朋友好不好？他一定说，不行。再问他，那你说买几个？他说，还是买一个吧。你看，这就是引导他做决策。

然后，你带他到商场。他看到很多的玩具，就会见一个，想要买一个。于是，就问他，我们才刚刚来，你就确定要买这个了吗？他说，是。你问他，今天说好要买几个？他说，一个。好，那你再问他，如果再看到比这个更喜欢的怎么办？他就不知道该怎么回答了。这个时候，就跟他商量说，你看这样好不好，我们暂时先不要买这个，看看后面还有没有更喜欢的，等看完，如果有更喜欢的，就买；如果没有，再回来买这个，好不好？他肯定说，好。

这个过程就是培养他如何做选择。养成这样的习惯，长大做事情才不会盲目。要不然像狗熊掰棒子一样，掰一个丢一个，岂不是白忙吗？

一个人长大以后，如果没有选择的能力，会走很多的弯路。上大学，学什么专业，要不要选择？我举个例子，供大家参考。在20年前，什么专业最热门？电脑打字员。于是，很多人考大学就报考计算机应用专业，学几年出来工作。刚开始还很风光，可是，过不了两年全社会都普及计算机了，几乎人人都会用，就算你学了很多专业的东西，可几年下来，技术已经更新几代了，你怎么办？

这样你就知道，方向永远比速度更重要！

该找工作了，要不要选择？当然要选择。是选赚钱比较多的，还是轻松的？还是别的什么？一句话，选对自己一生成长有帮助的事业！否则，你就是在浪费青春。人生其实很短暂，你没有那么多时间可以荒废。

到了成家的年龄，找男女朋友，要不要选择？这就更重要了。婚姻关乎一个家族的兴衰！

古人说，男怕入错行，女怕嫁错郎。就是告诉我们，一个人从事何种职业对一生事业的发展影响很大，女人要嫁不好，一辈子就完了。其实，不仅仅是女人嫁错了丈夫很可怕，男人娶错了老婆也很可怕。因为，跟一个坏男人，一辈子倒霉；娶个品行不好的女人回家，子孙后代都会跟着倒霉。

工作以后，你会面临更多的选择，而且，职位越高，选择就越重要。我们常说，公司发展的好坏，领导者至少要负 70% 的责任，因为是你在决策。那员工和干部要不要负责，当然要负，因为越接近基层的人，越了解现场；因此，干部有责任帮助领导做正确的决策。而且要在执行过程中，不断地调整，来修正决策的失误，而不是一味地盲目执行上级的指示。我们说，你要做正确的事，而不是正确地做事！如果一个决策错误，执行的人做得越到位，事情就越糟糕。这是很容易理解的道理。

所谓选择，就是基于预测未来可能发生的事情和发展的方向，做出合理的因应。这就是《易经》告诉我们的道理。

那是不是把《易经》倒背如流就可以了呢？当然不是。因为《易经》告诉我们的是思路，不是知识。

人生就是要走好每一步，除了选择，你别无选择！

要在正当的事情里面选择你喜欢的，先后次序很重要。整个环境都在变，这是事实。识时务者为俊杰，可是大多数人的眼光都看不到那么远，所以孔子就提出"从吾所好"——我喜欢做的，有乐趣做的，我兢兢业业去做，做到最后证明我是成功的，我很高兴；证明我是失败的，也没有什么可抱怨的。因为人生只求四个字：问心无愧，也就是"尽人事，听天命"。

记住，人各有命，也在各自造命，不能勉强。其实，只要有兴趣，肯努力，真用心，无论在哪个领域，都能出人头地。人这一辈子要好好做人，好好去积累自己的福德。

读国学，就是要让我们懂得什么叫人生。因为从事什么行业，有多大成就，累积了多少财富，所有这些都是为了人生服务而已。所以，你这辈子要好好做人，好好积累你的福德。就算这样，你也永远不知道自己最后的成就是高还是低，因为有一大堆事情你不清楚。因此你只能去做，不要去管结果。这样，我们才知道为什么要"尽人事，听天命"。

我们只需尽人事，至于后来怎么样，这个账我们都不会算。正因为谁都不会算，所以对每个人才公正。天意是不可测的，人只能尽力而为。

良禽择木而栖，选择领导须审慎

> 良禽择木而栖，贤臣择主而事。作为被亲比的对象，需要有仁慈的修养、宽广的心胸和高明的智慧，能够周到地照顾大家。

孔子在《论语·为政篇》里讲得非常清楚：君子周而不比，小人比而不周，这句话完全是在讲比卦的。

什么叫作比？什么叫作周？这两个字其实是同样的意思，就是亲附、同心的意思，今天叫作同心协力。同心协力的群体内要有一个中心人物，君子在《易经》里面就是阳爻，比卦中的阳爻就是君子，其他五个阴爻统统是小人。这里的小人，不是指坏人，是泛指的一般的老百姓，就是民。

君子要细致周到地去照顾所有的人，不要老想着要人家来亲比自己，君子不可以说："来，大家团结在我的周围，统统听我的命令，统统拥戴我。"这是笑话。因为只要君子照顾人家自然就会得到大家的拥戴，这个就叫作周而不比。可是小人呢？小人没有什么能力去照顾别人，就只有找到一个自己可以追随的，可以亲比的对象，以他为主。所以这样大家才明白了为什么说民不可多主，民只能有一主。

比卦一开始就告诉我们，人与人一定要过群居的生活，因为人是群居的动物，因此就必须要团结，必须要有一个人当领导。这个领导是非常重要的，要好好去找，找到合适的人，大家以他为中心，团结一致，自然就吉祥了。也就是我们要推求一个够高明、心胸够宽广、有仁慈的修养、能照顾大家的人，把他推举出来做我们的领袖。所以中国历史上只有推举，从来没有选举。因此，要获得别人的亲比，我们一定要记住，是要别人来认识自己，要别人来肯定自己，要别人来推举自己，这样才有价值。

而我们在选择和推举亲比对象的时候，也一定要慎重。鸟要停在树上，会先选一处牢固的树枝，而不是随便停靠。树枝如果断了，鸟儿也会跟着掉下来，那就不明智了。良禽择木而栖，贤臣择主而事。作为被亲比的对象，需要有仁慈的修养、宽广的心胸和高明的智慧，能够周到地照顾大家。

其实，诸葛亮很早就可以出山了，可是他为什么不出来呢？因为良禽要择木而栖。

诸葛亮27岁下山，飞黄腾达11年，然后就开始在蜀国挣扎，最后十几年熬到头发白了，胡须白了，牙齿松动了，说话有气无力了，然后说气数已尽了，就不了了之了。我想我说的这些是没有人能够避免的。我们常常说，每一个人都不同，其实每个人在这方面是完全一样的。在诸葛亮的前27年人生中，他有过很多次机会，但他没有出山。

诸葛亮没有投奔曹操，老实说，那时候的曹操已经成气候了，想要做大事的人一般都把目标锁定在曹操身上，你看多少人都是奔着曹操而去的。诸葛亮没有跟他们一样，他了解曹操，知道曹操的理念和自己是不合的，他去曹操那儿只有痛苦，没有好处。徐庶就是这样，他被曹操骗回去以后，终生不献一计。他这样折磨自己干吗呢？倒不如当时就隐居起来，过着自由自在的生活，多好。

诸葛亮不依附孙权，他说了一句话，很值得我们玩味。他说："孙权知道我的长处，但是他不会让我放手去做，我只是他的奴才，我不要做他的工具，我宁可不投奔他。"这种人现在很少了，就是因为我们找不到一个可进可退的地方。全家人都出来找工作，这种家庭是很困苦的，请假也不敢、迟到也不敢，最近大家都非常客气，不是修养好，是怕被老板辞掉，这种人多痛苦。

诸葛亮不依靠刘表，虽然他们有比较深厚的感情，他知道在刘表那里只能是尸位素餐，混一口饭吃，那不如在家做个自由自在的、老老实实的农夫。

作为人才，他宁可一直等，等到刘备来三顾茅庐才出山。

一旦选定了要去亲比的对象，就要心甘情愿地、诚心诚意地去顺从他，可见去亲比别人也是有条件的。我们从来没有说要盲目地顺从老板，我们主张的是要慎选老板，如果这个老板是值得我们追随的，值得我们学习的，那当然要顺从他了。如果一个人又要来这里工作，又不听老板的话，那这个人就不像话了。

我们要选的是自己跟这个老板能不能学习，能不能提高品德，这样才懂得什么叫作比。我们现在应当端正我们的择业原则，正确的择业心态应当是：我到这家公司，我可以学习到很多东西；我追随这个老板，我的品德修养会提高。至于领多少工资，会不会升迁，那是次要问题，绝对不是重要的事情。可惜现在很多年轻人不懂这个道理，也不知道要这样去选。

当我们选定了亲比的对象，就要诚心诚意地去顺从，而作为被亲比的对象，就要做好典范、照顾周全，从而使前来亲比、追随的人们团结一致、同心协力。

然而，这种团结一致、同心协力也需要适可而止，这又是为什么呢？大家一定有疑问，连团结一致、同心协力过分了都不好吗？当然不好，大家过于团结一致，慢慢就没有是非了，底下的人觉得反正上面讲的都对；而上面的人就会觉得既然大家这么拥护自己，慢慢开始放松，不那么谨慎了，爱讲什么就讲什么，这样就糟糕了。因为这种现象就是可怕的群体迷失，它会使领导者觉得自己什么都是对的，他就会没有压力，没有压力以后就会放松，放松就会放纵，一旦放纵就糟糕了，本来很好的人，也会乱讲话了；本来很谨慎的人，也会突然间一下子好像照顾不全了。而受害的是谁？是整体。

所以，比道也会穷，不要过分，因此我们就知道一个团体不要一点反对的声音都没有。开会讨论某个问题，如果一致通过，我们就要特别小心：为什么会一致通过呢？连一点点小意见都没有吗？要么就是我太霸道了，要么就是这个结论大家的确一致都认为很好，要么就是大家有意见都不敢讲，那我就要仔细去琢磨琢磨。

如果全体一致通过，这件事情的确是非常好的，那没有问题，但我们还是希望，一个老板如果真正大度量的话，还是要保留5%的杂音。一家公司有 5% 的不同的声音，其实对总经理是最好的，因为这样一来总经理每次要讲什么话，都会考虑那几个会有不同意见的人这次会有什么意见，然后再斟酌，这样就会很谨慎。

我们再来看，比卦是地上有水。地上有水，它会流动，所谓人往高处走，水往低处流。说明什么？这是提醒我们，职位越高的人，姿态要摆得越低，只有姿态低了，大家才会依附过来。现在不是，现在人一升官就好像又长高了，再一升官，好像也不会笑了，就开始板脸给人家看，最终就变成孤家寡人了。这就是没有弄通比卦的道理。比卦卦象告诉我们地势一高，水都跑掉了；地势一低，水才会来，就是这么一个自然的现象。

中国人把低姿态叫作以大事小，在上位的人要让底下的人感觉到你很亲切，这就叫亲民。你只有亲民，大家才敢放松地跟你沟通和交流，才会愿意跟你说实话，你才能从最基层得到实在的、有用的信息。

这是为什么呢？因为，人从出生，就充满了危险，可谓步步维艰！而且人心是善变的，人心是不测的，说翻脸就翻脸的，再加上人心隔肚皮，人的表面与内在不一致，人们不能互相了解。但这并不代表这种做法不对，因为我们都要保护自己，我们不骗人，我们只是保护自己。每个人都保护自己，这就叫作明哲保身，中国人很懂得明哲保身。可是很多人很讨厌这句话，认为明哲保身就是自私。

那么，这种明哲保身，是不是一种自私的表现呢？当然不是。

人要先把自己保住，但是不能自私，这样才有能力去保护别人，才有能力去为国家、社会、人群做点有意义的事情。否则，连自己都保护不了，哪还谈什么去保护别人呢？我们常说，人唯一的出路，就是自爱！就是说，你要爱自己，让你自己浑身都充满了爱，你才有多余的爱去爱别人。千万不要相信西方所说的，你要爱所有人，那是很可笑的观念！如果一个人爱所有人，那就等于他谁都不爱！"不爱其亲，而爱他人者，谓之悖德"，就是告诉我们，你首先要爱你的亲人，善待你身边的人。然后再推而广之，去照顾更多的人。这个顺序不能乱，否则就是悖德！这也是值得我们好好体会的！

更值得引起老板警惕的是，如果一个团队里面，人人都自保的时候，你要好好检讨你自己了。

至诚可以前知，预测未来才能做好计划

> 一个人诚到极点就可以预测未来的事情。

所谓预测，是对未来可能发生的情况，加以预先的估计。既然属于臆测和猜想，当然不一定正确。几乎大多数的预测都有正反两种不同的说法，令人觉得不知道要相信哪一种比较妥当，因而相当为难。

其实，世间一切都有定数，比较正确的说法应该是，未来既然是定数，当然可以精确地预测。只不过这种定数本身可能改变，所以预测之后，还有变更的可能。原来是预测之后发生变动，而不是预测不够精准。

这样我们才明白，为什么预测的时期越短越正确呢？因为短期内发生变化的程度比较小。为什么预测的项目数量越大越正确呢？因为彼此变动可能互相抵消或互补。为什么预测必须估计可能产生的误差呢？因为预测之后常常再起变化。西方人想到定数，大多认为"一定"或"固定"，偏偏中国人把"定"界定为"含有不一定的定"，也就是定中有不一定的部分，而不一定中也有定的部分，这种"二合一"的观念，在预测中充分发挥它的功能，其实我们在预测时能更能够掌握到"变与不变""准或不准"的要旨，开展出一套别有风味的预测方法。

《中庸》说，至诚可以前知。一个人诚到极点就可以预测未来的事情。它指出，国家将要兴盛的时候一定有吉祥的征兆，国家就要灭亡的时候一定有凶祸的征兆。祸福将要来临的时候，都能够预先预知。这种至诚的人，有如神明一样，预测未来十分精准。这就叫作未卜先知。

诸葛亮就是一个具有这种能力的人。刘备三顾茅庐请诸葛亮出山，诸葛亮早已从战略上对全局做了十分深入的研究，并已做好了天下布局的计划。因此，诸葛亮才会在跟刘备分析当时的形势，以及站在刘备的立场为他做未来的整体规划时，能一下说到刘备心里，使他自然而然地接受自己的建议。因为他们谈话的地点在隆中，所以大家都称诸葛亮的这些建议为"隆中对"。

诸葛亮首先指出：曹操打败袁绍之后，已经拥有百万军队，又挟天子以令诸侯，不适合与他正面冲突。接着说孙权据有江东，已历三世，地势险要且民心归附，也很难抢他们的地盘，可以与他合作。然后才对刘备说有一块土地，好像是上天特别留下来给他使用的。那就是荆州和益州，面积也不小。

刘备虽然胸怀大志，却对天下大势并不十分了解。刚开始他以为曹操打不得，孙权不能打，自己已经毫无希望，不免有一些伤感。忽然听到还有荆州和益州，不觉眼前一亮，连忙请教，如果这样的话，要怎样规划才有发展。

诸葛亮说到这里停一下，想知道刘备的反应如何。若是刘备只想拥有荆州和益州，造成三国鼎立，便心愿已足，他实在没有必要下山，做这种没有意义的事情。三分天下只是一种手段、一个过程，不应该是目标。幸好刘备也这样想，诸葛亮才提出三国鼎立之后的远程规划，主要有两点。

第一，联吴抗曹，这是基本策略，不能轻易改变。

第二，待时机成熟，分东、西两路北伐。东路由荆州出发，西路由益州出发，使曹操不得不分散兵力。如果孙权再加兵支援，则霸业可成，汉室可兴矣。这才是远程的目标。

短短几分钟，诸葛亮把曹操和孙权的势力与地盘，进行了明确地归纳，指出荆州和益州才是刘备的用武之地。三分天下，曹操靠天时，孙权占地利，刘备必须善用人和。刘备非常兴奋，只提出了一点疑问：荆州刘表、益州刘璋，说起来都是汉室宗亲，他怎么忍心抢夺这些地方？诸葛亮三言两语就把这个问题说得十分透彻，让刘备更加安心。

如果一个人不能在三五分钟之内把一件事情说清楚，就表示他对事情的本质还不能充分掌握，这时候再怎么说来说去，也只是在枝枝节节上面兜圈子。再复杂的事情，也要在三五分钟之内说明白，才显得自己抓住了事情的根本。诸葛亮若是啰啰唆唆，讲个没完没了，恐怕刘备也听不进去。说不定敷衍一下，客套地邀请诸葛亮出山，诸葛亮一客气，也就不勉强了。三顾茅庐的结局，就成为空欢喜一场。

预测未来，只可以说出大方向，不适合涉及细节。因为变数太多，过程很可能难以预料，说多了反而不准。但是大方向不会改变，只要看得准，说出来就不会错，便是料事如神。"隆中对"把今后天下的大方向说得十分明确。刘备是局中人，心里更明白，诸葛亮所说的势在必行，只是以往自己进退无据，才浪费了这么多时间。诸葛亮带着完整的战略，又与刘备事先建立共识，准备妥当，在刘备诚意相邀的礼遇下出山，可以说是戏未上演先轰动！

诚，一方面是完成自己人格的要件，另一方面也是万世万物运行的依据。中庸把"诚"当作宇宙全体，包含人和万事万物的本性。诚本来是自然运行的法则，叫作天之道。人以至诚来体验这种自然运行的法则，称为诚之，就成为人之道。中庸认为，看一个人对诚的表现如何，便能够确定这个人的"吉凶"，而团体由多数个人构成，所以组成团体的个人对"诚"的表现如何也可以决定这个团体的吉凶，这种至诚可以前知的道理，用今天的话来说，其实就是：利用至诚也能够精准预测未来。

我们每天都在做各种各样的选择，小事叫选择，大事我们称之为抉择，所以，我们才说，选择即命运。对于那些想都不想就做出判断，而且百发百中的事情，我们会竖起大拇指，说，真神！

然而，至诚如神的人，毕竟十分难得。一般人退而求其次，必须遵循"致曲之道"。致就是推广、扩充的意思，曲指一端或一偏。致曲则是由一端推广到全体，从一偏扩充到整全。孟子说，人有仁、义、礼、智四端，只要把这四端扩而充之，便足以保全四海。中庸说，曲能至诚。这一端、这一偏的诚，如果能够推广、扩充到全体，就能够有一部分的诚，推到至诚的境界，这种致曲之道，虽然没有至诚如神那么高明，但是人人都能做得到效果，远比少数高明的人士要宏大的多。

以企业管理而言，我们已经知道经营效果的良窳（好坏、精粗），决定于"安股东、安员工、安顾客、安社会"四端。在做计划的时候，能不能预测未来的发展，在这四端所产生的可能后果，来加以评量，就是致曲之道的运用。随便想一想上述四个项目，却一心一意追求眼前的利益，已经是不诚，当然不能够充分掌握未来的变化。

凡事以诚心诚意来考虑股东安不安，员工安不安，顾客安不安，社会大众安不安，那就是至诚，可以预测未来的变化。

《中庸》指出，天地的道理非常简单，那就是：广博、深厚、高大、光明、悠远、长久。为什么能够这样？原因也很单纯，即诚一不二。不二便是单纯。单纯的诚怎么能够造成广博、深厚、高明、悠远、长久的宇宙？我们从无穷的天体，不过是一点一点光亮所积累而成；博厚的大地，不过是一把一把泥土所积累而成；山由石块所造成，海由水流所造成。不难了解真正的原因在于至诚无息。无息的意思，是绵延不断，持续进展。

管理者若能持续不断、毫不犹豫地以安股东、安员工、安顾客、安社会大众为念，日积月累，自然充满了这些方面的经验，就凭直觉，也能够正确判断可能产生的后果，即为前知。所以《中庸》说，至诚之道永远没有间断。因为没有间断，才能持久。能够长久地做下去，就可以在事物上得到征验。高明的直觉，其实是持续用心所累积的功力。

现在我们可以用客观预测法，将目前的市场、技术的动向延展到未来。也可以用主观预测法，根据现况，以自己的想象来开展未来。还有系统预测法，以投入和产出的分析，或者网状的推展。《易经》占卜法也可以用来引发我们的直觉，获得重要的参考指标。

不论采用哪一种预测方法，都需要诚心诚意。以期由致曲而至诚，来预先知悉未来的动向。这时候决策者的中和与否，就变得至关重要。中和指的决策者的情绪，相当稳定。《中庸》说，喜怒哀乐之未发，谓之中；发而皆中节，谓之和。凡人皆有喜怒哀乐的情绪，在还没有发出来之前无有不善。一旦发出来，表现在外，呈现已发状态，那就可能善也可能不善。善的已发状态就叫作和。

我们可以把中节的已发，称为感受，而将不中节的已发叫作情绪。不过分激烈的喜怒哀乐，是一种感受；过分激烈的感受，即为情绪。所以无过与不及，才是发而中节。决策者当然有个人的喜怒哀乐，却不应在计划时表现的过与不及，以免不善的情绪影响到正确的预测。这你就知道，为什么很多平时非常聪明的人，在做重大决策的时候，常常做出错误的判断。就是因为当初那个不善的情绪和坏念头影响了他的决策。

中庸的道理看起来十分简单易懂，做起来非常不容易，因为直觉是天生的，而应用直觉是后天人为的，必须困而知之，才能越来越灵敏、准确。

直觉灵敏的人，最好能够充实自己的学问，以增强前知的判断力。《中庸》特别提出"博学之、审问之、慎思之、明辨之、笃行之"

五个步骤。并且指出：弗能弗措，不达目的誓不罢休的不二法门。希望我们坚定"人一己百，人十己千"的决心，绝不能半途而废，却能够"不见知而不悔"，也就是人不知而不愠，用心向前，却没有后顾之忧。后天的困学加上先天的直觉，不论运用什么方法来预测未来，应该都可以达到至诚先知的效果。

知境、知机，做好阶段性调整

> 🔊 不断地定位自己，持续地充实自己，阶段性地改变自己，乃是保持成功的不二法门。

现在社会，人人都在追求成功。成功，似乎是一种标志，象征我们努力的结果，表示我们一辈子没有白活。成功，又像是一种度量衡，评定我们在社会中的等级。

不管怎样，玉不琢不成器，任何人都需要不断琢磨，才能够获得成功。

然而，怎样琢磨呢？这就需要分析，不但要知己知人，而且要知境、知机、阶段性调整，以掌握有利的情势，达到成功的境地，并保持长久成功。换句话说，一个人要想获得成功，必须具备一些成功的素质，而知境、知机、阶段性调整是成功的重要保证。

这些具体都在讲什么呢？

首先，知境才有成功的信心。

成功的人，受环境的影响很大。我们不一定要求顺境，因为面临困境，通常有助于培养处事待人的能力。幸福的家庭，固然可以塑造成功的人。破碎的家庭背景，如果自己不断努力，同样可以获得成功。

诸葛亮就是一个知境的人。我们知道，在三顾茅庐之前，诸葛亮住在隆中，他为什么选择在这里？

人生即选择，至诚方能先知

诸葛亮出生在山东琅琊山脚下的沂水县。一个人没有名气的时候，你是哪里人谁都不关心。你是哪里人又怎么样，你说你是他的同乡，他心里想同乡算什么。但是当一个人出名了大家就开始争了，他是我们这里的人，他是我们那里的人，到处都在争论他出生在哪里。所以一个人的价值不但体现在活着的时候，更体现在死了之后是否能得到人们的推崇和认可。

诸葛亮身高六尺四，是一个标准的山东汉子，他父亲娶了个继母，却很快就去世了，继母怎么办？能不能说我们都不是你亲生的儿子，我们不管你？不能。在古时候，父亲的事就是儿子的事，所以长兄诸葛瑾就扛起了赡养继母的责任，在孙权那里做官。这样，他们俩一个在东吴，一个在襄阳，兄弟中还有几个小的，就跟着叔父诸葛玄到刘表这里来谋职。

刘表是个不敢做事，也不知道怎么做事的人。他有地盘，但是没有能力，因此诸葛亮出山，根本不会去找刘表。他看到叔叔在刘表那儿是有力使不出来，只好每天早上签到，下午签退，什么都不敢做。所以，诸葛亮最终选择待在一个地方，这个地方非常有名，叫隆中。他待在隆中耕田，做一个实实在在、老老实实的农夫，这有什么好处？进可攻，退可守。所以，当一个人还没有确定你的舞台在哪里之前，最好不要着急，找到一个进可攻，退可守的地方，静下心来，等待时机。

诸葛亮选择待在隆中，隆中有什么特殊的地方？首先，隆中的地理环境特殊。我一直认为地理环境会影响一个人。比如"山不高而秀雅"，山太高也很麻烦，平时大家都不去，只有下雪的时候，大家都一窝蜂地到峰顶去，然后挤得一团糟。"水不深而澄清"，高雄有一个澄清湖就很美。隆中地不广，但是很平坦；林子不大，可是很出名，它很靠近当时的荆州。荆州是个军事要冲，是一个南来北往的必经之地，所以诸葛亮身居隆中，足不出户，消息却非常灵通。隆中是都市旁边的农村，闹中取静，对当时所有政治变化、军事变化的消息都非常灵通，否则，诸葛亮再怎么用心也没有用。

当然，我们很难改变自己的家庭和学校。这里所说的"知境"，重点要放在像诸葛亮那样"寻找合适的工作环境"上。

有的人学识丰富，能力也很好，却由于"入错行"而无法发挥自己的长处。"行行出状元"，是指"入对行"以后，全心投入，竭尽所能的结果。若是"入错行"，选错了工作环境，恐怕就很不容易聚精会神去做事，因而很难获得成功。

家长不要以自己既有的经验，强迫子女从事不称心的工作。老师要以探索的心情，帮助学生寻觅合乎自己的行业。而我们自己，更应该以"个性和兴趣"，来寻求适合的职业。

知境就是了解在当前的大环境下，明白什么职业才适合自己的学识、才能、体格和个性，务使自己能够胜任愉快，不致抱怨或沮丧。

有些人为了面子，投入有面子的行业，却不管自己的性格是否相合，结果断送了成功的希望。有些人好高自大，一下子就要找到高人一等的职业，因而屡遭拒绝，顿觉人间冷酷无情。也有些人只问哪一行业赚钱容易，就往哪一行业跑，丝毫不考虑自己的个性和兴趣，弄得脸上失去笑容，始终提不起精神，也根本不可能成功。

一个人踏入社会，必须处处谨慎，仔细观察周遭的环境，发现障碍与困难，寻找合乎自己的工作。

至于是不是真的找到了，可以从自己的感觉来判断。

当自己精神饱满，对所从事的工作充满信心，不再怀疑是否走错了路，就可以确定已经真正找到自己的兴趣所在。

只要心存公诚、努力不懈，成功之门终会为你而打开！

其次，知机才能掌握良时。

我们常说时也，命也。时机来了，成功有如天助。所以，把握良机是大家共同的愿望，而能否如愿，却有赖各人"知机"的能力。

知机是洞悉事情的因果关系。"机"的意思，指"动之微"，亦即"微眇难见的动机"或"吉凶的先兆"。任何事情到了相当明显的地步，大家都看得很清楚，这时才要下手，恐怕已经迟了，来不及了。如果在事情尚未显著，征兆刚刚出现的时候，就加以掌握，应该是最有利的时机。

吉凶原是无常，祸福就好像住在隔壁，如果预先警报系统装置良好，我们借着预警信号，就能够趋吉避凶，化祸为福。可见微细的征兆，对成功十分重要。

所有事情，都有其连续性。我们早期注意到它的动向，就可以及时端正它的方向，使其导入正道，避免日后的分歧。知机便是在连续的程序上，找到因果关系，在"果"尚未明显出现之前，预先觉察可能的"因"，及时加以掌握和利导，以确保获得预期的果，才能奠定不败的良好根基。

很多人的失败，如果从原因看，追源溯本，往往由于一念之差，而导致失败的苦果。同样一念之正，也就塑造了成功的甜美果实。比如跳槽，其真正原因，只有当事人自己明白。为什么转行，其动机也唯有当事人自己清楚。

跳槽或转行的时机适当与否，需要当事人自己依据主观、客观的条件，做一番省察与分析，然后才能正确地判断、决定。这些必须考虑的因素，往往是人所不知而自己独知的。自己能够在一念发动时，如有不善，马上把这不善的念头克制、打倒，不使其潜伏在胸中，这种功夫就是"研机""慎独"。而研机、慎独，都有赖于正确而锐利的分析力。

动机纯正，分析才会正确。大学毕业生学有专长，按理说应该前途一片美好。但是，有些大学毕业生只知道东一个计划，西一个计划，任凭机会从眼前消逝；或者计划的动机并不纯正，不是贪图近利，就是追求虚名，不能研机、慎独，结果无法把握大好机会，遭到失败的打击。

没有一个人是命里注定失败的，每一个人或多或少都有一些机会。问题是机会来临的时候，既不能见机，又缺乏研机的功夫，结果失之交臂，徒增怨责和叹息。反过来说，若是培养研机的功夫，养成慎独的习惯，一切计划，所有行动，都力求切合正道，那就完美了。

有些人抱怨自己生不逢时，似乎所有好的位置、有出息的行业，都已经宣告客满。随便走到哪里，都找不到立足之地。于是埋怨没有机会，抱怨"余生也晚"，一辈子不可能成功。而既不自怨自艾，也不到处诉苦，却能够任劳任怨，静待好机会到来，立即牢牢把握，像这样的人，当然有成功的一天。

最后，最要紧在阶段性调整。

为什么有些人成功之后，会一直成功下去，似乎愈来愈成功；而有些人却在成功之后，仅仅维持一段短暂的日子，便快速下坠，到达失败的深渊？不错，宇宙万物大多呈现螺旋式发展，以一点为主心，渐渐扩大成为一个大圆圈。中心点可以称为原点，生命的旋涡就是环绕着原点，不断地回转，形成周期性的起伏。

失败为成功之母，成功也为失败之母。走向成功，到达极高点之后，依物极必反的道理，又将折返原点，亦即走向失败，这好像是十分自然的过程。看他盖高楼，又看他楼塌了。看他很成功，又看他垮下来。如果这是不能改变的命运，还谈什么人定胜天呢？风水轮流转，有时张三成功，有时李四发达。我们就坐在那里等待时来运转，何必预测、计划？又哪里有必要执行、评估、补救呢？

其实并非如此，做到阶段性调整就能够确保长久成功。成功不难，要维持长久的成功，却十分不容易，关键就在是否能做好阶段性调整。

那么，如何做好阶段性调整？

儿童时期，多听多问多学习，自然博得大人的赞美。有些儿童在小学时期，多读、多听、多问，而且学业成绩表现优异，被父母、师长肯定为天才小学生。长大之后，如果始终停留在多读、多听、多问、多表现的层次，缺乏解决实际问题的能力，人家就会讥讽"小时了了，大未必佳"，指责这个人已经"江郎才尽"，没有什么指望了。

中学和大学时代，开始参与课外活动，学习更多知识，逐渐培养一些解决问题的能力，并且了解一些人际关系的奥妙。那么，小时了了，到了中学时代，仍然可以被期许为"将来有出息"的年轻小伙子。

进入社会，由于各方面都有相当优异的表现，因而获致初步的成功。具体的成果就是得到上级的赏识，给予晋升的机会。升上去之后，才发现原来自己的能力相当有限，于是自己承受重大的压力，变得灰心而沮丧；上级看在眼里，自是十分后悔，准备寻找适当时机，另觅高明取代。

原来一级一级往上爬，一方面要靠机会，另一方面更需要有实力。如何及时充电，具备更强的实力，才往上爬升，乃是维持长久成功的必要条件。

可见，阶段性的调整，无论在学识、能力、态度，还是品德修养上，都十分重要。不断地定位自己，持续地充实自己，阶段性地改变自己，乃是保持成功的不二法门。阶段性调整就是推动自己不断进步的计划。

阶段的划分，有大有小。自我的调整，最好采取小阶段的方式。任何时候，都当作"现行阶段"，这时放眼未来，就是"下一阶段"。换句话说，时时立足眼前，更要展望未来，常常自问："下一步我应该怎样充实自己？"

自己和自己比，现在和过去比，未来又要和现在比。这样推动自己，使自己"日日新，又日新"，便可持续成功，永不坠入失败的深渊，这才是真正的人定胜天，克服"周而复始"的先天命运。

总之，成功是没有捷径，但是有迹可循、有方法可借鉴。必须一步一步，稳定地提升自我，外加用心细心，不断思虑精进。路是人走出来的，然而，成功并没有高速公路，它是许多道路共同组合而成的道路网络。

贰

持平常心，谨守本分不妄动

谦谦处世，卑以自牧

> 一个人，终其一生，都应该进德修业，把自己的品德不断地修养好。

《尚书》中有一句话："满招损，谦受益。"而在《易经》中也有一卦，以"谦"命名。可见中国的传统文化，极其重视谦虚的品德。

《易经》六十四卦，严格说起来，没有什么好坏的分别，因为它是人生百态。但是我们有个大原则，就是卦名听起来很好的，里面经常会给你一些警惕；而那些卦名听起来不太好的，它里面的爻辞反而会给你很好的鼓励。通常一个卦里面，至少都有一两个爻，会给你高度的警惕。唯一的例外就是谦卦，叫作六爻皆吉，它的六个爻的爻辞都是好的。可见一个人，从小到老，你只要能够保持美好的谦德，做人谦虚，对人谦让，修养自己那种比较宽阔的心胸，不要动不动就要跟人家计较，对自己是非常有利的。

谦卦的卦象，也是由上下两个卦构成的，下面那个卦是个艮卦，就是一座山；上面那个卦是坤卦，就是大地。我们放眼看过去，所有的山，都是在地的上面，偏偏这个山呢，会躲到地底下去，这不是很奇怪吗？地中有山跟地上有山，完全是两码事。山躲到地底下去，就表示它充分谦虚，把空间都礼让出来，它给人家一种感觉，就是它很守本分，本来可以很伟大，它都表现得很平凡。你想象一下，一座山它会躲到地底下去，它多委屈？可是山还是山啊，它并没有因为说："你们都看不见，那我就整个化掉了，化到连一根阳爻都不见了。"你看整个的卦，它只有一个阳爻，其他五个都是阴爻。所以大家应该可以想象得到，谦卦，是从坤卦演变而来的，就是乾卦的九三进入了坤卦，就构成了谦卦。乾卦的九三爻大家都很清楚，它是"君子终日乾乾，夕惕若厉，无咎"。就是告诉我们，一个人，终其一生，都应该进德修业，把自己的品德不断地修养好。

我们还要建议各位，看一个卦要看它整体给你的第一印象，它像什么卦。你看谦卦上面有三个阴爻，下面有两个阴爻，当中一个阳爻，你如果把上面那三个阴爻看成一个阴爻，把下面那两个阴爻也看成一个阴爻，那你会发现，就等于上下两个都是阴爻，只有当中是一个阳爻，这是什么卦？这是坎卦。这就告诉我们，人生会经历持续的艰难险阻，所以谦卦的主要的目的就是要突破人生的各种艰难。大家应该很清楚，你不管碰到什么样的问题，碰到什么样的阻碍，都要谦虚、礼让、放低姿态，因为中国人讲得很清楚，委曲求全，只有迁就，才能够求全。从这里你就可以体会到，谦卦是在讲一种美德。

人的一生是不可能一帆风顺的，越处于人生的顶峰阶段，就越会遇到各种艰难险阻，所谓"高处不胜寒"。此时更需要隐藏自己的锋芒，而谦恭待人。其实无论在什么样的处境中，只要能够保持谦虚的美德，都有利于突破人生的艰难险阻。

刘备请诸葛亮出山时，曾经向诸葛亮询问治国安民之法。诸葛亮自谦年幼才疏，远不及司马徽和徐庶，故不敢妄谈天下大势。他这么做是不是虚伪呢？有一次，我在机场等飞机的时候，听到一个穿着很时髦的年轻人，拿着手机跟他的朋友讲："你不能过分谦虚，过分谦虚就是虚伪。"过分谦虚怎么就是虚伪呢？我认为任何事情都有过分，只有谦虚是不会过分的。可是很多人不了解这一点，一再地劝别人不要过分谦虚。

人往往都很自大，一不小心就很容易自傲，因此谦虚是很难得的修养。有时候你认为自己已经很谦虚了，可在人家看来还是很自大。诸葛亮说自己不如司马徽和徐庶并非虚伪，而是真正的谦虚。如果他一见面就说"司马徽的话你不能听，徐庶也是小儿科，他们那一套，我根本不放在眼里"这样的话，刘备会有什么感想？万一这些话传扬出去，司马徽和徐庶就会想："你诸葛亮还算朋友吗？我们推荐你半天，你居然过河拆桥！"这样的人，品格是有问题的。所以就算诸葛亮比他们两个还要高明，他也应该这样谦虚地讲。

那么，怎样才能做到真正的谦恭呢？

我们先来看看"谦"字怎么写，左边是个"言"，右边是个"兼"，"言"就是说话，"兼"就是兼顾。你每说一句话都要兼顾到他人的感觉，这就叫作"谦"。因此，当一个人讲话没有顾虑，旁若无人，我爱怎么样就怎么样，这个人就已经不谦了。人多的地方，你讲话声音大，这就是不谦；你看到什么事情，不顾别人的感觉，你就去批评他，也是不谦。

如果自己的一言一行都是在关注到别人的感觉之后而做出的，这样就是谦虚。但是在任何情况下都谦虚如一，说起来容易，做起来难。谦卦卦辞是"亨，君子有终"。亨，意思是它很亨通，它没有阻碍。最主要是君子要有终，所以叫作君子有终。君子，让一时容易，让那些比你强势的人也容易，你要始终如一都保持高度的谦让，这个是很难的。为什么谦卦特别重视那个终字？就是说你一路走来，你能够坚持到最后一分钟，那你就没有问题了。你如果只坚持到一半，那就太危险了。我们常常讲：行百里者半九十。就是说你要跑一百里，那么不要以为跑了五十里就是一半了。你跑了九十里，才勉强算一半而已。那个终，要坚持到最后一个点，是非常困难的。

提到"谦恭礼让"，有些人就会拿孔子说过的"当仁不让"做借口，那么这两者是否相互矛盾？人们又应该怎样选择呢？有很多人说"我礼让，让到不能让的时候，当仁不让"，那当然可以，但要有"仁"在的时候，你才可以当仁不让。如果离开那个仁，也没有什么好当仁不让的，你就算让给别人又有什么了不起的呢？

谦卦象辞是"谦，亨，天道下济而光明，地道卑而上行。天道亏盈而益谦，地道变盈而流谦，鬼神害盈而福谦，人道恶盈而好谦。谦尊而光，卑而不可逾，君子之终也"。谦这个卦，它主要带给我们的就是一种亨通的气氛。

"天道下济而光明"，我们可以看到，谦卦只有一个爻是阳爻，它是九三爻。这个阳爻本来是在上面的，现在下降到三个阴爻的下面，这告诉我们：天气会下降，才会使得万物生长。如果天始终认为它是高高在上的，它舍不得下来，那地就得不到好处，万物就不能生长，所以天气下降，万物生长，这叫作天道下济。而光明指阳光是往下走的，阳光普照，不但万物都受到好处，并且一片光明。

"地道卑而上行"，讲的是地道本来是在底下，这个卑不是说高贵不高贵，和它是没有关系的，只是它的位置比较靠下面，可是它会上行，因为水会变成蒸气，然后就往上走，往上走了以后，到了天，它又往下走，这样就构成整个的循环。

"天道亏盈而益谦"，讲的是天道的作用非常单纯，就是说你多了，我就让你亏一点，让你减少一点；那你谦让呢？你少了，我反而增加你一点。大家可以看得很清楚，你这边多的，一阵风一吹，就吹到那边去了，那也是天道。你这边低洼的，那边沙跟着风过来了，就把这填满了。

"地道变盈而流谦"，就更清楚了，你看水就好了，一句话讲完了：水往低处流。大海也是，它永远是低姿态，水永远是满的。

"鬼神害盈而福谦"，鬼神是什么？就是有一股看不见的能量，我们叫作冥冥当中有一只看不见的手，用鬼神来做它的代名词。在不知不觉当中，你会感觉到好像这个是盈满的，东西多的会减少，怎么减少你也搞不清楚。可是对那些比较客气的，对那些比较老实的，对那些比较缺少的，它会去给他添福气，施福给他。

"人道恶盈而好谦"，对于贪得无厌的人，大家总是不太喜欢，而你会喜欢哪些人呢？喜欢那些比较谦让的，比较爱说"好了好了，我这样就够啦，不要再给我啦"，你反而很欣赏这样的人。

其实内卦是艮卦，艮卦是山，有止的意思，就是说你要适可而止。一个人的欲望无穷的话，你不可能亨通的，你苦恼都来不及，只有适度约束自己的欲望，适可而止。谦卦中的下卦是艮卦，其实是想提醒我们：做人要适可而止。在欲望面前，懂得知足，才能常乐。但现实中，一些人却认为太容易满足就会失去进取心。

"谦尊而光"，讲的是谦是很尊贵的，而且很有光彩。"卑而不可逾"则是说，有时候他的姿态很低，但是你会感觉到，你根本超越不了他。历史上有一个人，他可以做这句话的注解，叫作郑和。郑和小时候可以说是倒霉透顶，很小的时候就被抓去当太监。可是他很会发挥谦的力量，做到最后，成为明成祖最信任的人，居然把下西洋这么重大的任务都交给他。

他能够这样子，就是因为他从小到老坚持走谦道，而且有始有终，一般人都是有始无终的。当他不得不忍耐的时候，他就很谦虚；当他稍微有一点成就的时候，就不得了了，马上变成另外一个人了，狂妄至极。人家问郑和："你为什么能够做到这样？"他一生只相信一句话，这个跟谦道有密切关系，就一句话而已，他说："公道自在人心。"就算我现在受冤枉、受委屈，人家做的，却把责任统统推给我，我默默地承受，好像很不值得，但是终究有一天水落石出，真相大白，人家会还给我一个公道。

我们回头看看《序卦传》，为什么谦卦会摆在大有卦的后面？那就更清楚了。《序卦传》说："有大者，不可以盈，故受之以谦。"大有是得来不易的，为什么它难以保持？富贵而骄，你一旦富贵了，就会很骄傲，你一定得罪人。如果你知道自己得罪人了，你还可以提防；如果你不知不觉得罪了很多人，那他们都在暗处，你在明处，你真是防不胜防。所以化解的方法只有一个，就是谦恭礼让。在大有卦之后，赶快提醒我们，要谦虚，要谦让，要退一步想，所以就推出谦卦。

今天我们读了谦卦，就要记住：有时候有一点小缺陷，反而对你是有好处的，你吃点亏有什么关系？孔子提出的"富而好礼"正阐明了谦卦的要义，那就是提醒人们，无论精神方面还是物质方面充实了之后，都要避免骄矜浮躁，要懂得谦虚，学会分享。

除此之外，谦卦还告诉人们：吃亏是福。这又是怎么回事呢？我们经常讲一句话，只有八个字，叫作：天道忌满，人道忌全。我们要常常记住一句话：满招损，谦受益。你只要谦虚，人家不会把你当敌人。人家就算不照顾你，最起码不会打击你，你就得到很多好处。

谦卦告诉人们：谦虚处世，必然亨通。谦虚的人不仅在事业上能够得到他人相助，在精神上也能得到与人融洽相处的快乐。因此，现代人更应该以满招损、谦受益的古训为戒，重视谦德。

然而，人们如何才能培养出谦虚的美德呢？谦，是一般人很容易忽略的，最好从家庭里做起。

你看有些小孩子从小就没有养成谦虚的习惯，被称为小霸王，最后往往会倒霉。到学校去，跟同班的同学都处不好，甚至连老师都有点不喜欢他。我们应该知道，人的自由是有限制的。假定一个空间里面，只有你一个人，那你当然还可以有比较大的自由。但是当一个空间，被两个人分别占有的时候，也就是说一个空间同时存在两个人的时候，你马上就减掉一半的自由。你看两个人住在同一个房间里面，一个要开灯，一个去关灯，那就吵起来了。你要开灯的时候，你是不是要问问别人："我现在可以开灯吗？"你要关灯的时候，同样要征求另外一个人的意见。像这种观念都应该从小就要养成，否则的话，要和谐相处是非常困难的。

我来讲一个故事，有两个人同住在一个寝室里面，其中一个人有一个习惯很奇怪，每天晚上回来，他从不坐下来脱鞋子，他就一只脚站着，一只脚抬起来，把鞋带打开，鞋子一松，"砰"一声掉到地上；然后又把这只脚站直了，那只脚又抬起来，又松鞋带，"砰"一声，又掉地上。另外那个人呢，他比较早回来，也很累，就睡觉了，那么砰砰两声，就把他吵醒了。他说："你不能坐着脱鞋吗？"然后脱鞋子的那个人说："对不起，对不起。"

但是第二天，他又依然如故，还是这样子。那你想想看，这两个人怎么能相处呢？有一天晚上他回来了，然后一只脚站着，另一只脚鞋带一松，那只鞋"砰"一声。这个人马上心里说："哎！我这样不对呀。"所以他就赶快坐下来，静悄悄地把另外一只鞋子脱下来。这是不是很好呢？不见得。因为第二天早上，那个被他吵醒的人说："你真是害死人了。"他说："我怎么害你了呢？我发现错误马上就改了啊。"他说："你改了有什么用？我一直等那个第二声，等到天亮。"

可见人与人之间的感受，你不是他，你就永远不知道他是什么感受。我们如果把这些道理，都从小在家里面做沟通，慢慢地培养成良好的习惯，是不是一生一世都受用无穷？我们常常想到自己，就忘记了别人。

　　所以，有一句话是每一个人都要好好去做的：上半夜想想自己，因为人不可能不想自己；下半夜想想别人，因为这个世界，除了我们之外，还有许多人。大家要互动，大家难免有摩擦，你必须要事先防范。谦卦是要靠你事先防范，任何事情提高警觉，以不同的标准来衡量不同的事情，而不是我只有一个标准，你们都要接受我，那不可能。

　　要重视每一个人不同的感觉，因此谦卦才会分两段，一段是下艮，叫作艮谦；一段是上坤，叫作坤谦，合起来就叫作谦谦君子。而谦谦这两个字，实际上，前面那个谦，是修己；后面那个谦，是安人。也就是孔子所讲的：修己安人。

做人要聪明，不要精明

> 真正的聪明人大多谦逊低调，绝不到处炫耀显摆，而是等待时机一鸣惊人，只有那些一瓶子不满、半瓶子晃荡的人才喜欢在人前卖弄，讥讽他人。

古人云："木秀于林，风必摧之；堆出于岸，流必湍之；行高于人，众必非之。前鉴不远，覆车继轨。"过分炫耀自己的才华，凡事都要显得自己技高一筹，压制别人，必然招致嫉妒和打压，因为你在证明自己聪明绝顶的同时，也在反证别人愚不可及。事实上这样的人才是真正的愚不可及，用放大镜看自己的优点，用显微镜看别人的缺点，看谁都是豆腐渣，唯有自己是朵花，这种人迟早会走到穷途末路。

真正聪明的人一定要懂得韬光养晦，深藏不露。《易经》乾卦第一爻的爻辞是："潜龙勿用。""潜"就是说，人在能力有限时，需要先潜藏。"勿"字不是"不"的意思，不是说在潜龙的阶段就不要用，勿用不是不用。"勿"其实含有"要"的意思，勿用就是站在不用的立场来用。正所谓"真人不露相，露相不真人"，真正的聪明人大多谦逊低调，绝不到处炫耀显摆，而是等待时机一鸣惊人，只有那些一瓶子不满、半瓶子晃荡的人才喜欢在人前卖弄，讥讽他人。

诸葛亮之所以了不起就是因为他聪明、有智慧。他的聪明体现在哪里呢？他不像一般人那样读书。一般人为考试而读书，读得很仔细很熟练。但是我们发现一些考试考得很好的人进入社会反而没有太大的贡献，因为他读了太多的答案，进入社会之后却发现现实生活中遇到的问题和书上的答案不一样，这样做不行，那样做也不行，怎么做都不行，因此什么都做不了。

诸葛亮曾说过自己读书只是"独观大略"，即大事上看一看。但那不是马虎吗？当然不是，他是抓住要点，抓住重点，然后权衡利弊去随机应变。

从隋唐开始，《论语》逐渐成为科举考试的教材，被历代统治者当作禁锢知识分子的思想、稳定社会的工具，而大部分读书人也只是拿《论语》来应付考试，并不懂得其中的道理，这是非常可悲的。而不看《三国演义》，我们对世道人心就会很陌生。我没有讲人情世故，讲的是世道人心，这是因为世道人心是很珍贵的中华文化，可惜从秦汉以后就逐渐不见了。

所以，我们已经陷入一种十分尴尬的境地中——我们一直是一个非常重视道德教化的民族，但是，今天有些人抱怨，人心不古，道德沦丧，世风日下。特别是宋明理学的兴起，使很有弹性、很灵活的智慧僵化了。人不能不理性，但是如果过分理性，就完全没有了人情味。

人如果没有人情味，那还算人吗？像这些话现在很多人都不敢讲，这是很大的遗憾。三国的故事听来听去，好像只有三个国家，其实有四个国家。一个是大家都知道的，曹魏。另一个叫蜀汉，刘备始终把复兴汉室作为自己的使命，是什么道理？是因为诸葛亮的缘故。还有一个是东吴。最后一个国家是西晋。曹操与刘备、孙权，这三个人，用现在的话来说，曹操是革新派，之所以留下那么坏的名声，是因为他太重视创新；刘备是保皇党，他太保守了；孙权与其说是国王，还不如说是今天的技术官僚。三国中，真正成正统的、有使命感的只有诸葛亮。

朝代更替只是一种历史现象，那不是我们最主要的历史精神，我们最主要的历史精神是中华民族始终坚守的圣贤之道，这是我们五千年中华文化的精髓。诸葛亮和汉献帝同年生、同年死，这是历史上的一个巧合，但也产生了诸多联系：汉献帝在皇宫里面一筹莫展，希望外面的忠义之士赶快来解救他；诸葛亮历尽千辛万苦地想要匡复汉室，但是最后"出师未捷身先死"。

从某种意义上说，诸葛亮是个失败的人。但是凭良心讲，在《三国演义》所有的人物里面，我们最敬佩的人就是他。《三国演义》不是历史，也不是故事，它是把中国的世道人心完整地呈现出来，这才是它的最高价值。

东汉末年为什么会那么乱？有两种人作乱。一个是外戚，外戚是谁？就是皇帝母亲的亲戚。因为那时候皇帝的年纪还很小，什么都不懂，母亲就在后面垂帘听政，可是母亲也不懂啊，于是就把她的亲戚找来。皇帝长大后就觉得不对，我这个皇帝是假的，实权在母亲和外戚手中，这怎么得了？他就想找人来对抗母亲和外戚。找谁呢？他敢找丞相吗？丞相也是母亲和外戚任命的，如果和他们合不来，早就被换掉了，找来找去，只有一种人可以倚靠，那就是太监，即宦官。宦官跟外戚之间的斗争是必然的，因为皇帝别无选择。当皇帝别无选择的时候，他只能走上这条唯一的道路。因此，各位可以明白了，东汉末年的几个皇帝年龄都很小，外戚和宦官轮流操纵朝政，皇帝形同虚设，政治腐败，经济崩溃。所以，历史不是偶然的，是必然的。

一个聪明的领导者，一定要见微知著。有些领导在做决策之前，一般会要求数据准确，信息充足，殊不知，此时这些信息已经毫无用处了，因为等你把所有的信息都搜集齐备，已是时过境迁，这些信息都已过时了。一个领导者，一定要能根据少量的信息做出正确的判断，否则就跟不上形势的变化。

一个人懂得多少不是最重要的，重要的是能不能用所学的知识分析千变万化的社会问题，从而做出一个合理的决策，这才叫聪明。现在的人很重视知识经济，我倒希望大家去想一想，什么叫知识经济。金融风暴就暴露了知识经济的一个弊端，一知半解的人把自己包装成专家，然后去骗那些不懂的人，这是非常可怕的事情。

诸葛亮聪明，但他有没有时时刻刻把自己的聪明表现出来？没有，除非必要的时候，诸葛亮从来都是不露锋芒、韬光养晦的，因为他知道，锋芒毕露就等于给自己掘坟墓，这是他的大智慧。

一个人会隐藏自己的聪明才叫真聪明，真人是不露相的。现在不是了，很多人学西方，你有才能就要展示啊，你不展示跟没有才能一样，这种思想太浅薄了。《易经》第一爻告诉你，潜龙勿用。老子告诉你，深藏不露，这才是真智慧。

《易经》曰："君子以厚德载物。"真正聪明的人，往往是厚道的人，有德之人才能承载万物。太精明的人，往往会因为精于算计而得不到想要的，甚至失去更多，就如《红楼梦》中所云："机关算尽太聪明，反误了卿卿性命。"

当然，聪明和精明我们必须要区分开来。

现在我们一般都认为要是非分明，对就是对，错就是错。但是大家有没有发现，如果一个人什么都要分得清清楚楚，什么都要是非分明的话，是没有人会愿意跟他在一起的。这种人当然是不聪明的。有的人说中国人只会耍小聪明，其实是这个人本身不够聪明。中国人管那样的小聪明叫精明，那并非真正的聪明。

在现代社会中，聪明的人，大家是很喜欢的；精明的人，大家都有些讨厌，都是敬而远之的。精明就是聪明外露，聪明外露就叫精明，所以只要被别人看出这个人很聪明，他大概就没什么发展了。而真正聪明的人是会装糊涂的，才叫真聪明。

一个人老了以后，耳朵要退化，眼睛要看不清楚。有些老人家自恃经验丰富，看谁都错，可是谁会愿意跟张口闭口都是挑自己毛病的人在一起呢？谁又会愿意服侍这样的老人呢？所以，真正会当老人的人，要不聋不哑不做家翁，孙子有错时，不要直接去骂。

现在很多人不了解这一点，老人骂孙子就是骂儿子，会令儿子很难过，儿子会觉得父亲是在拐弯抹角地骂自己。所以做祖父的，看到孙子做得不对，不能当面教训，要说："孙儿，乖啊……"但等孙子不在的时候，会教育儿子："你怎么这样教小孩……"中国人就有这么奥妙的东西存在，看事情永远是两面的，叫作一阴一阳。

老人在儿子面前不能骂孙子，就好比总经理在干部面前，不能直接骂员工。总经理直接骂员工，最生气的就是干部，如此一来，他就会跟员工联合起来，背地里一起骂总经理。像这些都是我们应该非常清楚的规矩，只不过长期以来被扭曲错乱了，甚至被误解为是乱七八糟，是已经落伍的了。

中国人只争大是非，不太争小是非。大是非跟小是非不一样，大是非一定要分清楚，但是小是非不必太计较，这样才能与大家和睦相处。

如果你是总经理，你的两个干部发生冲突了，你会怎么办？在这种情况下，你骂谁都不对。你认为是其中一个人不对，就把他叫来骂。中国人很厉害，面对这样的情况，他不会吭声，让你骂，等你骂完了，他才开始讲，讲到最后，你才发现，原来是自己错怪他了。

于是，你就想当然地认为这个没有错，那一定是另一个人错了。又把另外一个人叫来，开始骂他，他也一声不吭，就让你骂，骂完了，他才说，最后你一听才发现，糟糕！他也没有错，又是自己错了。当领导的经常这样，就会使自己陷入困境中。

我当领导当了很久，我的干部一吵架，我会把他们叫来，然后我一句话也不说，让他们自己说。当然，因为我在场，他们两个人就有所顾虑，都不敢多说。等到最后，我问到底谁对谁错，两个人都说自己的错。我说："其实你们两个人没有错，是我的错。"他们连忙说没有这回事。如此一来，大家就都没有错了。这就叫作化。

把麻烦消弭于无形，这才叫作化。大事化小，小事化了，化到最后，没有痕迹，大家心里没有怨气，才能真诚合作。

我讲一个实例。人家问你一部电影好不好看，你会怎么回答？如果你说很好看，他的期望就很高，结果去了一看，这么差劲怎么能说好看呢？他就觉得你欣赏力太差，或者是你花了钱看了部烂片，也要让他花一点儿钱才平衡。

这种事情不是没有。有些人看了一部很坏的电影，就到处讲这部电影很好看，让大家快去看，然后他就很高兴，我损失 80 元，你也损失 80 元。

很多人问我一部电影好不好看，我都是说你自己去看。既然每个人的尺度、层次不一样，那就不要影响别人。你既不可以告诉他不好看，也不可以告诉他好看，因为那不是你的事。

做人，不是要是非分明，而是要慎辨是非，这样你才会明。要不然你怎么会明呢？不要以为自己反应很快，马上就说这个错、那个对，你凭什么呢？

请大家记住，有时候心里头清清楚楚，嘴巴上含含糊糊，才是正确的。一个心里头清清楚楚，嘴巴上也清清楚楚的人，会天天得罪人。一个嘴巴上糊里糊涂，心里也糊里糊涂的人，只有死路一条。心知肚明，嘴巴上却含含糊糊的，这才是真正受欢迎的人，也才能事事顺利。

反求诸己，方能获得天助

> 人没有不犯错的，但是要知道改正，而且同样的错误不能犯第二次，否则多次重蹈覆辙，就是自己不长进了。

请大家想想，你是不是经常这样：每次遇到结果不好的事情，从心理上第一时间就开始找别的原因，而且还总是倾向于把这个原因推给别人。

比如，当你做错事情，你会说"都是他教我的，不然怎么会做错呢"？当你闹情绪的时候，你会说"都是你把我气坏的，不然我怎么会这样呢"？

我现在想请大家想一下这个问题：到底要不要往外推？

实际上，很多事情是我们自己不想加以改变，而不是说无法改变的。我可以说得很清楚，只要你的观念一改变，你的整个人就改变了。

比如，有的人总是怨天尤人，说什么老天你真的不公平。嘴巴说说我不反对，但是你心里要知道老天是最公平的。嘴巴上说老天不公平，心里也承认老天不公平，你永远不会改变。老天是公平的，因为它不会偏向于谁，它该下雨就下雨，不该下雨就不下，你再抱怨，它也不会因为你的抱怨而改变。

这句话很重要，没有人会因为你的抱怨而改变。人最可靠的是改变自己，而不是改变别人。偏偏很多人都走那种没有用的路，老觉得自己没错，老想要改变别人。

其实，你连你的儿子都改变不了，他只是暂时性地怕你、听你的，等哪一天他长大了，反过来就要你听他的，那不更糟糕？为什么有的儿子会打爸爸，就是他长期积压的结果。现在打不过你，认了，哪天等他打得过你，你就是自作自受。

人会老，要想长远一点，有一天你会打不过人家，会骂不过人家，使性子没用，脾气再坏也是活该。把这个想清楚，你就知道该怎么做了。

我们都很容易把责任往外推，但那是没有用的，没有人会因为你推给他，他就承受。所有人都会推，那么在这种情况之下，我们要知道，推是个过程，但自己要承认，才有实质上的效果和改变。

比如，你的自行车为什么丢了，因为小偷太厉害了，这样你永远守不住你的自行车。自行车丢了，先检讨自己，"我太大意了，我认为几分钟就能出来，所以没有上锁，以后不可以这样了"，但是嘴巴还是要骂小偷可恶。其实这种话都是废话，但是讲出来可以缓解好多情绪，只有反省了，认识到如何调整了，你下次才会注意，不会再犯同样的错误。

我们把责任往外推只是减少自己的压力，但不能解决所有的问题，其实责任是推不掉的，最后你还是要面对这个事实。如果你骗自己，认为真的把责任推出去了，你没有责任了，后面会有更惨的结果。所以，我们要调整自己，改变自己，才有办法得到好的效果。

诸葛亮虽然位高权重，但是却时时刻刻都严格要求自己，并坚持自我反省，所以后人才会对他做出了"孔明一生唯谨慎"的评价。

诸葛亮错用马谡，导致街亭失守，诸葛亮在处理了相关责任人以后，也没有忘记反省自我。他先是向大家表明自己也有不可推卸的责任，然后又上书给刘禅，请求自贬。这是典型的"反求诸己"的行为。诸葛亮这么做，不但没有损害他在众人心目中的形象，反而提升了他的威信。

实际上，每件事情追根究底其实都是和自己有关联的，这是儒家最了不起的，就是反求诸己。

孟子说："爱人不亲，反其仁；治人不治，反其智；礼人不答，反其敬。行有不得者，皆反求诸己。"儒家要求我们反省，深刻地反省，从心里头反省，从诚笃上反省：爱人不亲——如果你想要爱护一个人，但他就是不领情、不能接受，你就要反省自己这颗人痴心是否到位；治人不治——你管理团队、管理下属，总是管不好，你不能怪这些下属不好管，而是要反省自己的手段不够高明；礼人不答——你用善意、用礼貌对待别人，对方却显得爱答不理或傲慢无礼，甚至觉得你礼多必诈，这个时候也不要急着埋怨别人，而是要先反省自己的诚意够不够、有没有充分地表达出来。很多时候，我们的善意得不到认同，和我们过去的所作所为有关，人家的印象就是这样，一下子不能接受我们的转变。所谓事出必有因，这个因不在别人，而是在我们自己。

当一个人老怪罪别人的时候，是永远不会长进的。但是当你面对自己的错误时，你心里头承认，自己应该要负责任，自己也有错误，先不要管别人，先把自己调整过来，你会感觉到效果其实很好，而且你会慢慢长进很多。

人的一生，会经历很多很多不同的过程，很多很多不同的事情和选择，目的就是让我们去积累经验，并在这个过程中不断地改变调整自己，把自己改造得越来越合理，你就越来越长进、越来越成功了。

人生最大的使命，说起来只有一句话：改变自己。把自己修正过来，改造得更好，才是我们应该终身全力以赴的事情。

人活着就是要改变自己，不需要去改变别人。可惜我们花太多时间要改变别人，而对自己无限宽容。我讲一句话，请大家自己去揣摩，人是没有办法改变别人的，除非他自己想改变。你想改变，你就变了；你不想改变，谁拿你都没有办法。很多人总是喜欢夸张，说自己改变了多少人，其实没有那回事。就算是你的孩子，你都无法改变，除非他自己愿意改变。

还有一些人，经常性地教导别人，影响别人，觉得自己高人一等，却忽略了修持自己的重要性，因而纰漏百出，常常惹出很多的笑话，而不自知。另外我们还花费太多精力去改变自然，为了表现人类自己独特的能力，不惜破坏环境、污染川河，甚至还认为可以获得金钱和喝彩。

记住，人生碰到的所有关卡都是自己安排的，要透过重重关卡让自己不断长进。如果朝这个方向去想，你就能够做到孔子所讲的"不怨天，不尤人"，一辈子心安理得，问心无愧。

人而无情，何以为人

🌀 人一定有喜怒哀乐，恰到好处地发出来，自己就心安
   理得了，过分的话一定不好。

中国有一句老话叫作"人而无情，何以为人"。人而无情，基本
上就不足以为人，所以不管怎么谈理性，一定要保留感性。一个人
不管是喜悦、高兴，还是悲哀、烦躁，都是很自然的事情，不用跟
着别人去体悟，也不用嫉妒别人。很多人会嫉妒别人的快乐，嫉妒
别人的成功，嫉妒别人的长处，越嫉妒心里越难过，结果产生了很
多后遗症。

周瑜病故，诸葛亮十分悲伤，这不是做假，也不是装的。诸葛亮
的悲伤是发自内心的，他觉得周瑜这么好的人才，正是自己要争取合
作的对象，没想到这么快就去世了，真的很可惜。

诸葛亮不顾众人劝阻，坚持一定要过江吊唁周瑜。

第一，如果诸葛亮不去吊唁周瑜，就表示周瑜真的是被他气死
的，以后就算是跳进黄河也洗不清了，所以无论如何也要去，这样才
能够化解大家对他的误会。

第二，如果诸葛亮这次不去，以后跟东吴的人还怎么联系，怎么来
往呢？失去东吴的支持与配合，他的整个计划就无法实施了。现在周
瑜死了，诸葛亮连去吊唁都不去，那无异于宣布孙、刘两家关系决裂。

第三，诸葛亮之所以一定要去，是因为他知道鲁肃会接任都督，自己的安全是有保障的。考虑这些因素，确保万无一失之后，诸葛亮这才坚持要去，并非连命都不要了。

因此，就算鲁肃请诸葛瑾劝阻诸葛亮吊丧，诸葛亮也不会听。此时他当然不会听从任何人的劝阻，否则后果会非常严重。想澄清大家对他的误会，最好的办法就是用行动来表示，而不是口头宣誓。因为不管他怎么解释都没有用，别人是不会相信的，但亲自去就不一样了，大家亲眼所见，才相信他确实有诚意。

当然，让诸葛瑾劝阻诸葛亮过江，也是鲁肃的一番好意，因为他们是兄弟。但站在诸葛亮的立场，越是他的哥哥来劝，他越是不能听，因为这意味着他的安全更有保障了。如果是别人来，诸葛亮会怀疑这是什么用意？现在是自己的哥哥来劝，就表示鲁肃会全力保障他的安全，因此诸葛亮更加坚定了过江吊丧的决心。

在东吴方面，老将纷纷表示要杀诸葛亮祭奠周瑜，诸葛亮不怕吗？其实诸葛亮既不是不怕，也不是怕，这与怕不怕没有关系。我们经常陷入绝对的二分法中，而诸葛亮是利用整体思维，知道如何才能将怕变成不怕，不怕当中又有怕，两边都兼顾。当然诸葛亮还是有一些顾虑的，因此事先就想好了如何一步步去化解，否则一定会措手不及。诸葛亮能用周详的计划，将怕变成不用怕，这是诸葛亮的高明之处。

老将程普决定先斩后奏，杀掉诸葛亮，来祭周瑜。当初周瑜当都督的时候，程普故意冒犯，而周瑜假装不知，放他一马，给他相当的尊重，程普一直铭记于心，因此他对诸葛亮格外不能容忍，一定要杀了诸葛亮为周瑜报仇。可鲁肃对诸葛亮的观感却跟程普完全不一样，他知道诸葛亮并没有恶意。我们不能因此就认为程普比较忠心，而鲁肃却两面讨好，因为鲁肃跟程普的处境不同，跟诸葛亮的接触面也不同，所以感受才会大不相同。鲁肃深知，周瑜之死不能怪诸葛亮，反而是周瑜应该检讨。当然，鲁肃不能公开这样说，他只能自己另想办法。

诸葛亮到柴桑吊丧的时候，人未到而声音先到，这是最好的办法，是经过事先考虑的。当他的声音传过来的时候，大家起初还很生气，但越听越觉得诸葛亮很真诚，越听越觉得他的悲伤是发自内心的，所以大家后来被感染得也跟着哭了起来。这就说明大家从心里已经打算接受他了，从而化解了仇恨。这时候再出现，不是很安全吗？

所以很多事情，我们一定要事先想到，不要以为你亲自到场就可以解决问题了，有时候可以利用光和声音来布置一种情境帮我们安全地解决问题。这一次诸葛亮做得非常好，他先发出声音告诉大家他来了，正当大家很紧张地准备要对付他时，他一路哭着进来，大家虽然不会因此而彻底扭转对他的仇视，但最起码可以先稳定情绪，让大家觉得是误解他了，同时也让鲁肃有帮忙的时机。

看到诸葛亮进来，程普等人挥剑要杀诸葛亮。要知道像程普这些人，是不会因为诸葛亮的声音、言辞、态度，马上就对他来一个180度的转变的，尤其是在他们很悲伤、很沮丧、很无奈的状况之下。赵云当然要抵挡，否则诸葛亮的性命就不保了。诸葛亮此时表现得很有胆识，他知道逃也没有用，干脆死马当活马医，你要杀我，我就让你杀，于是捡起剑双手呈给程普，这也显示出诸葛亮对人性的掌握很深入。如果程普真的接过诸葛亮的剑，一剑把诸葛亮杀了，那他以后必会被世人耻笑。诸葛亮非常清楚这一点，所以他把剑递给程普，如此一来，程普反倒不会去杀他了。

诸葛亮凭什么这么有信心，他真的不怕死吗？没有人是不怕死的，但是诸葛亮有把握自己不必怕死，躲过了怕死这一关才是他最好的表现。他知道照计划一步一步地走，老天必然会替他排除万难，化险为夷。中国人对老天有一番感情，我们不是把老天看成神，而是把它看成道理，如果按照道理去走，还走不通，那还有什么天理呢？所以中国人经常讲天理常在，就是我们对上天的一番信心。诸葛亮也是这样。

进入灵堂后，诸葛亮手下的人摆起祭物，跪地祭酒。诸葛亮真的很用心，很多事情他不但想到，而且还真正做到了。所有的祭物都是他用心规划与制作的，并按照先后次序，有条不紊地展开。这些过程哪怕有一点儿更改，效果就会大打折扣。他设身处地为在场的诸位着想，第一句话讲什么，第一件事情做什么，然后一步一步做下去，使大家的感情随着事情的进展而有所转变，最终把大家的敌对情绪都扭转过来。在今天，这就叫作视听教育。现代人总以为现代什么都比古代进步，其实不见得，早在三国时代，诸葛亮就已充分懂得视听教育的原理，而且将其运用到实际当中，收到了神奇的效果。

诸葛亮边抚琴边悲痛地诵读祭文，表达自己对周瑜功业的敬佩以及对其逝世的惋惜之情。祭完后，诸葛亮伏地大哭，哀恸不已，在场的东吴将领既感动，又悲切。诸葛亮冲到周瑜的灵柩前，头撞灵柩，呼喊着"公瑾，我也来了"，欲随周瑜而去，众人见状，无不为之动容。东吴的将领很感动，大大增强了孙刘联盟的力量。

联吴抗曹是诸葛亮毕生的策略。他在没有下山之前，就把当时的天下大势和有作为、有影响力的人物都做了深入的了解，经过长期的考虑与研究，觉得最有可能成功的一条路就是联吴抗曹，这个策略一直到死，他都没有改变，这是非常不容易的。很多人没有这么长远的眼光，只想到眼前，因此计划与目标经常变来变去，最终把自己搞乱了。

诸葛亮先用祭物，后又适时地弹奏周瑜所谱的琴曲，使得大家的情绪一下爆发出来——全场都痛哭流涕，这就表示无须签约或宣誓，高度的危险已经化解了。但弹曲这件事并非诸葛亮刻意安排的，而是随机应变，看到机会就把自己的目标灌注进去，抓住机会，就要使自己的目标更加彰显，这是诸葛亮很了不起的地方。

临别时，诸葛亮还告诉了鲁肃退曹的良策。

诸葛亮在情绪波动时依然能够保持高度的理智，这是一般人做不到的，一般人到这个时候哪里还去想这些事情。诸葛亮是有备而来的，他知道这次不能空口说白话，只是抚慰东吴众将的情绪，还要达到合作的目的，更进一步巩固孙刘两家的联盟。于是，他准备了一套破曹之计，趁鲁肃刚刚接任都督之位，及时献上，然后才会保住荆州。于是，原本剑拔弩张的紧张形势，终于化解为哀恸悲切的感人局面。

但有些人很容易感情用事，也是不正常的，他们需要克制到合理的程度。而中庸，就是人发出来的情绪和感情都很合理。人一定有喜怒哀乐，恰到好处地发出来，自己就心安理得了，过分的话一定不好。比如吃饭吃到七分饱、八分饱就可以了，身体也很健康，如果吃到九分、十分就会撑着，对肠胃不好；还有很多人节食，到最后人太瘦了，没有抵抗力，一点小病也会变成大病。人不能太胖，太胖心脏负荷太重；人不能太瘦，太瘦的话，一旦生病，一点抵抗力都没有。大家应该合理的胖、合理的瘦。

　　过与不及都会引起别人的反感，所以要适可而止，差不多就好。一个学生太过认真的话，所有同学到最后都不同他讲话了，因为他认真到了"较真"的程度，别人都怕他在自己身上找毛病。

淡泊名利，宁静才能致远

> 正是人有了情绪，有了情欲，有了各种需求，才开始起心动念，这样"道"就不显现了。

人生在世，想必每个人都会有这样的疑问：这一生到底该如何度过？

是富可敌国，拥有花不完的财富；还是隐遁山林，享受安逸的小日子？是忙忙碌碌，透支生命；还是得过且过，凑合就好？

到底该如何度过？也许一千个人就有一千个答案。

但可以确定的是，人生难得，每个人都不应该白白活一场，每个人都应该思考如何为自己的人生交一份合格的答卷。

我们整天忙着做这个、做那个，就是不做自己；关心这样、关心那样，反而不关心自己；和这个谈话、和那个通信，从来不和自己交谈，仿佛把自己当作仇人或敌人对待。我们最常做的一件事便是"整自己"，好像非得把自己整垮，才认为自己已经尽心尽力，无愧于天地自然，何苦呢？

为什么会出现这样的情况？因为我们的眼睛向外长，只会向外看，却不知道内观。

从现在开始，我们希望大家养成习惯，当看到任何事物，遇到任何情况时，首先要做的就是反求诸己。任何事情都要向内反省，不要老向外假求。如何向内？就是告诉自己：我刚生下来的时候，是一无所有的。所有的东西统统是身外之物，有也罢，没有也罢，都无所谓，不必那么紧张，因为最后两腿一伸，还是什么都没有。

一个人怀有这样的心态就平和安详得多。要知道，正是人有了情绪，有了情欲，有了各种需求，才开始起心动念，这样"道"就不显现了。

所以为什么很多人，老说"我知道、我知道"，最后才发现原来自己还是不知道，就是因为起心动念了。人要不起心动念很难，唯一的办法就是淡泊名利、宁静致远。

诸葛亮一生崇尚宁静，追求"淡泊名利、宁静致远"的境界。可以说，前期，他在宁静淡泊中待机而动；后期，他积极行动，以明志致远。由他写给儿子的《诫子书》，我们可看到其追求宁静的人生境界：夫君子之行，静以修身，俭以养德。非淡泊无以明志，非宁静无以致远。夫学须静也，才须学也。非学无以广才，非静无以成学，慆慢则不能励精，险躁则不能理性，年与时驰，意以日去，遂成枯落，多不接世。悲守穷庐，将复何及！

由此可见，诸葛亮对静思反省的重视。因为清心寡欲，所以能淡泊宁静；因为淡泊宁静，所以能明志致远。这是诸葛亮留给儿子的遗训，既是他对自我人生的总结和感悟，也是他对儿子及后代子孙的严格要求。

诸葛亮淡泊明志，淡泊就是不追求功名利禄。老实说，一个人有没有抱负，能不能为人民服务，就看你名利心重不重。只要名利心重，你再怎么说都没有用，全都是假的，说漂亮话而已。因为"名利"两个字，会使一个伟大的人变成一个卑鄙的人。我再说一遍，老天要考验一个人，就用这两个字来考验他，他名关过得了吗？利关过得了吗？大部分人两关都过不了，你看很多人活到五六十岁、七八十岁，满口还是"钱钱钱"，有的人名片拿出来，一页印不完，印两页，这是做什么嘛！他们就是过不了名利关。

宁静才能致远。诸葛亮能看到 10 年、20 年、50 年以后的事情，否则他怎么能几句话就被刘备说动了决定下山？这就表示他心里很平静。"我当不当丞相无所谓，我下不下山不在乎"，一个人只有有了这样的一种心态，他才会很冷静地看到事情的本质和精髓。现在的人都热衷展望未来，你看美国人所做的长期计划，不过是三五年，就三五年他们都觉得很长了，我们不要上这个当。

中国人考虑的都是千秋万世的基业，三五年算什么。1700 多年以来，讲到诸葛亮只有说他好的，没有说他坏的，他虽然是个"失败者"，但是我们用一句话来赞美他，叫作"不以胜败论英雄"，这样你就知道中国人的厉害了。

正因为诸葛亮善于"致虚极，守静笃"，所以他能在宁静中生出那高明的智慧和让千古兴叹的奇谋妙略。人达到宁静致远的境界，遇到功利得失，就不会很急，不会有得失之心，不会逞一己之好恶，不会为名利所驱使，不会对事情妄下断言。

平常我们很少会想自己是凭什么立身的，其实，我之立身就是凭着这种淡泊与宁静的无我心态。有了这种无我而平和的心态，遇事就会冷静、客观、公正。这三个词也是我们常常在讲的，但就是做不到，因为你没有忘我。

当你能够很冷静、很客观、很公正地看待事物本质的时候，接下来要做的就是选择。

首先，我要不要这个东西？

其次，我要它做什么？

最后，如果有人也想要，我舍不舍得给他？

如果你心中有我，就不会这么想，一定会先要了再说。如果你心中无我，就会想这个给谁最合适？怎么做比较合理？人生就是选择的过程，要冷静、客观、公正地做出判断选择。这样不执着于外物，自然心情舒畅。

人生，来也匆匆，去也匆匆，本来一无所得，就算活着的时候有了名利财物这些东西也不算什么，别人拿走了其实也无所谓，因为到最后这些东西全都带不走。

这样一想你就很自在，不会被外界光怪陆离的种种事物影响，就能回归自己，发现真正有价值的东西，去做真正有意义的事情，实现自己一生的使命。

成己成物，勇于承担责任

🌀 中国人不讲权利义务，只讲责任。

《易经》不讲权利义务。我们中国人一生下来，就产生两个字——责任。中华文化最珍贵的部分，叫责任，这是从《易经》来的。我们误解了孔子，也听不懂老子跟孟子的话，这是非常遗憾的。孔子说"君君臣臣，父父子子"，这是什么意思？就是说，当国王的，要尽国王的责任；当干部的，要尽干部的责任；当父亲的，要尽父亲的责任；当儿子的，要尽儿子的责任。可见，中国人不讲权利义务，只讲责任。

你看小孩一出生，父母马上都有责任了。在西方人看来，我们有些行为是很可笑的，刚刚生个小孩儿，马上就想到："我们要不要搬家？为什么要搬家呢？因为我要让自己的孩子有个好的成长环境，以后读一个好学校。"西方人就想："你有必要想那么长远吗？""不想那么长远还算中国人吗？"外国人都笑我们，但这就是责任，没办法。

曾经有个父亲跟我说："我跟我儿子处得可好了，他把我当作他的朋友。"我跟他讲："你儿子真可怜，有你这么一个老大不小的朋友，而没有了父亲。"父亲就是父亲，怎么能和孩子是朋友呢？否则就把伦理秩序弄乱掉了。夫妻之间也是如此，夫有夫的责任，妻有妻的责任。西方人不讲责任，西方人只有权利、义务。争取权利、承担义务，然后一辈子就潇洒地过去了。很多人都问我，那老天是不是太虐待中国人了？它给我们这么大责任干什么？我再问你，我们的责任从哪里来的？

孟子讲得非常清楚。孟子说：天将降大任于斯人也。"斯人"不是指这个人，而是说，天要把重大的责任降给中华民族，降给中国人。我们可以说中国人得天独厚，是老天把责任降给了中国人。而作为一个中国人，我们应该感觉到很自豪。

很多外国人跟我讲："你们中国人太骄傲了。"我只是笑笑而已。中国人什么都会，就是不会骄傲。只有西方人才会一开口就是"We are proud of you（我们为你而骄傲）"。但现在我们也开始了，"我们以你为傲"，这是错误的。中国人只要一骄傲，就容易失败，也就是骄者必败，所以中国人从来不骄傲。外国人接着问我："你们说自己不骄傲，怎么看起来那么骄傲呢？"我说："中国人很神气，但绝不骄傲。"可是我这样讲，他们也是听不懂的，因为他们根本分不清什么叫神气，什么叫骄傲，在他们看来，骄傲与神气都是一样的。

中国人很神气，因为我们有这么好的祖先——伏羲氏的智慧，使我们很快就找到了一条正确而光明的人生道路，使我们明白做人要尽本分，而本分就是责任。生为家里的儿女，就要尽儿女的本分，就一定要孝敬父母。

诸葛亮的责任感是非常强的，从他的经历中我们就可以看出这一点。

刘备战败之后，五年之内诸葛亮全心治理内政，平定南中。正当他准备充足之时，又逢司马懿被罢职。于是在刘禅主政早朝时，诸葛亮呈上《出师表》，要讨伐曹魏。

他首先说明北伐不是个人的主张，而是先帝的遗志。讨伐曹魏，并非私人有什么恩怨，而是为公的举动。他接着建议刘禅，应该开诚布公，对人对事，都不宜偏私，宫中和府中要一视同仁，不容许不忠不义的小人违法乱纪。然后举荐现有僚属当中特别忠实可靠的人士，诸如郭攸之、费祎、董允、向宠等人，使刘禅在必要时多向这几位请教。他知道北伐并非短时间能够完成，唯恐刘禅在这段时间内有所偏失，所以才不厌其烦，交代得十分清楚。

诸葛亮27岁追随刘备，现已年近半百。这21年来，他凡事谨慎，现在一切准备妥当，即将远离成都，希望刘禅亲贤臣、远小人，将讨贼兴汉的任务交付给他，如果没有成效，还要治他的罪。

刘禅恐有劳相父神思，诸葛亮则表示，南方已平，无内顾之忧，不在此时讨贼，恢复中原，更待何日？他心中充满了必胜的信心和决心。他唯一放心不下的是刘禅，所以他委婉地提出很多谏言，以资防患于未然。

我们不能说诸葛亮这样做有用或没有用，因为站在诸葛亮的立场，除了北伐以外，他无路可走。刘备死了，诸葛亮有什么选择？第一，他能不做蜀相了吗？那样魏国或吴国立刻就会派人来请。第二，他能够退出江湖去养老吗？他曾经几天没出来，刘禅就毕恭毕敬地去找他，说国家很危险，需要他帮忙。所以诸葛亮除非当年不下山，一且下山就人在江湖，身不由己，注定没有退路，只能勇敢地向前走。

何况诸葛亮很重信诺，他答应刘备北伐，就一定会去履行，对此也心甘情愿，所以他写出了感人肺腑的《出师表》，说北伐是为了完成先帝遗愿，不是为了个人意图。因为难免有人会猜测诸葛亮是不是想把曹魏吞并，统一天下后，自己篡位当皇帝。

诸葛亮出师前告诉刘禅要好好统领朝政，并且指定几个人协助他。可我们不相信这会有多大用处，否则现在怎么老感叹说"扶不起的阿斗"呢？像刘禅这样的人，一无才能，二无志向，勉强要他当皇帝，他也很痛苦，其他人也很无奈。

群臣纷纷劝阻诸葛亮，诸葛亮却执意坚持。他年纪虽不大，但因多年南征北战和主持朝政，所以早已体力透支，筋疲力尽。因此，诸葛亮才更着急，要抓紧去做，因为司马懿比他年轻，这是他的心病。现在等于是他跟司马懿在比寿命，谁活得久一点儿，谁就赢了。

有一种很奇怪的现象：一个人随时都会找一两个目标，与之竞争，一方面是为了提高自己的斗志，另一方面也为了预估对手的实力，以便未雨绸缪。虽然司马懿的兵权已经被夺了，但诸葛亮仍旧把他当作对手。

诸葛亮力排众议坚持北伐，证明这是他此生唯一未竟的使命，他一定要完成，这种精神值得我们敬佩。否则刘备已经死了，刘禅又不成材，他不篡位就很好了，何必这么拼命，安享晚年不是很好吗？诸葛亮没有这样想，所以很了不起。

诸葛亮召集诸将，准备向汉中出发。赵云匆匆赶来，说自己虽然年纪大了，也务必参加。诸葛亮再三苦劝，赵云坚持。于是以赵云为先锋，邓芝陪同，又安排李严等守川口以拒东吴，留向宠总督御林军马。在刘禅引文武官员恭送下，诸葛亮亲率大军，取道祁山，进攻曹魏。

蜀军北伐失败后，赵云在夜里病重而死，诸葛亮夜深不寐，十分悲痛，看着老同事一个一个走了，诸葛亮感慨万千。

人在感觉自己年纪越来越大的时候，常常会回想以前的事情。年轻人想的是未来，年纪大了，想的是过去。所以，诸葛亮会想当年大家还都年轻，后来关羽走了，张飞走了，刘备走了，现在五虎将全都走了。在这种情况之下，他的心情会怎么样，我们应该能够体会。诸葛亮会感觉，时间实在是太紧迫了，没有太多的时间可以让他拖延，所以他越来越急，希望能够早日实现他对刘备的诺言。

讲到这里，我们应该想一想，刘关张三人有桃园三结义的誓言，有这样一个约束的力量，而诸葛亮没有，他既没有跟刘备结拜，也没有跟刘备发过誓，或者立什么军令状之类。诸葛亮与刘备之间没有约束的力量，他凭的就是自己的一点儿心意——既然你托孤于我，而我也答应了，我就要尽全力把这件事情做好。

所以，我们现在可以感觉到，有没有结义其实不是很重要，那只不过是形式而已，心里是不是永远记住自己的承诺，这才是重要的。诸葛亮不答应则已，一答应，他就永远记住了，而且他不是尽力而为，而是全力以赴。这一点，我们认为他是非常了不起的。

诸葛亮的一言一行、一举一动，都值得我们学习，他是历史上不多见的一位典范。但是只有他事必躬亲这件事情，我们要好好地加以考虑。一个人，如果任何事情都事必躬亲的话，就太累了。诸葛亮才五十出头，就已经感觉到体力衰弱，很多事情好像顾不过来了。

一个人该做的事情，责无旁贷，绝对不能退后；而有些事要大家来分摊，才能够充分发挥分工合作的功能。但是，这一点我们也不能怪诸葛亮，因为其他人跟他比有很大的差距。一次次的战争损失了许多人才，很多时候，诸葛亮和属下刚磨合好，有点儿默契了，这个人就战死了，诸葛亮能怎么办？我们相信，诸葛亮也不希望这样，但是整个情势逼得他好像什么事情都要自己去操劳，结果把自己累得不堪负荷，他真的是太累了。

之后，诸葛亮再度上表，以明白表示自己的决心和实际上的需要。他首先以"汉贼不两立，王业不偏安"为宗旨，说明北伐的正当性，接着提出六大疑点，来反驳偏安的可能性。因为蜀、魏交界都是山地，充满了大大小小的路径，如果采取防御的策略，兵力必须大幅度分散，这样不但防不胜防，而且互相救援也十分困难。敌人随时可以集中兵力，攻击某一据点，即能突破防线。唯有以攻为守，不断采取主动出击的策略，使敌人疲于奔命，才是最有利的方式。同时，使反战派同仁有所警惕，不要以为刘备去世，原先的理想便丢在脑后。最后说明天下事很难料，变幻莫测，唯有"鞠躬尽瘁，死而后已"，坚持以身殉国，希望大家多多支持。

诸葛亮这句"鞠躬尽瘁，死而后已"，一直到现在都被大家引用、传颂，因为人们觉得只有像他这样具有伟大人格的人，才能够下定这样的决心。鞠躬尽瘁，无怨无悔，自己无所求，一直做到死为止，这就是全力以赴，一点儿没有保留。诸葛亮从来没有想过，自己年纪大了，是不是要休息休息，也没有因为自己生病了，多拖一点儿时间把病养好。他是稍微有一点儿机会，稍微有一点儿希望，就要努力抓住，去完成他的承诺。诸葛亮的这种精神，一直到现在都被人敬仰。我们学诸葛亮，不仅要学他的机智，更要学他勇于承担、在责任面前从不退缩的精神。

其实，不只是诸葛亮，每个中国人一出生就带有自己的使命，这就是我们所谓的天命。你这辈子所要完成的责任是什么？总结起来，就是四个字，叫成己成物。

《大学》里面讲得很清楚，你先成己，就是完成你自己，然后才能成物。成物是什么？齐家、治国、平天下。成己呢？从格物、致知、诚意、正心，这样一路下来，再到修身。修身就是完成你自己的品德修养，然后你就开始要齐家、治国、平天下。

那大家一定觉得很奇怪，我一个人算什么，我怎么可能平天下呢？其实我们每一个人都在平天下，为什么？因为现在国际之间的交流是很频繁的，外国人会从很远的地方到我们这里来，我们也会偶尔出去旅游，你走到哪里，人家都知道你是中国人，都会从你身上得到一个对中国人的概念，这就是你平天下的责任。

每一个人在平天下方面，多多少少都有一些贡献。你在治国方面，也有自己的贡献，因为国家是所有家庭共同组织成的，我们是把整个的国看成一个大家，那就叫大家。所以中国人一开口就说大家好、大家好，就表示整个国家都很安定，才有资格叫大家好。家庭是国家的基础，每一个家庭都齐得很好，这国家就安定了。

我们现在提供给各位一个意见，你怎么修身？你要站在齐家的立场来修身。如果我齐家都做不好，就表示我修身不够。修身的成果是要在齐家里面去验收的，不是你说了算的。你说我修身修得很好，家庭搞得一塌糊涂，那你这修身有什么用？

那我齐家是站在治国的立场来齐家，我要齐到跟左右邻居都很好，我要齐到我的子弟到社会上不会为非作歹，我要齐到我们整个家庭的生活不会让警察伤脑筋，不会影响社会的安宁，那我才叫齐家，那就已经完成了治国的一部分。

我们要治国，要治到全世界人都能够拿我们做榜样，那就叫平天下了。平天下不是去统一全世界，不是，中国从来不去统一全世界，我们的统一是我们内部的，我们对外不侵略。那什么叫平天下？就是我做出来一个榜样，全世界要过好日子，要有前途，你自然要跟我学习。

可见，齐家、治国、平天下是每一个人的责任，而不是说我没有，我顶多修身而已，那是不对的。因为一个人迟早要跟人家互动，多少都有些社会关系，一定要记住，我们修身不是目的，我们要一路走出去！

叁

同心同德，诚心不妄

先求忠诚，再求能力

> 我们对人的要求，是先求忠诚，然后再求能力。而西方人是先求能力，他不太管忠诚。

如果你是老板，你会选择用什么样的人？我们是走实证路线的，一定要用事实说明问题。但凡去问一个总经理："你用人有没有一定的原则？"得到的回答一定是："当然有。"再问："你的原则是什么？"得到的答案可能只有一个："没有什么，肯干就好。"但我们千万不要因此就以为中国人用人的策略是肯干就好，不是这样的。

一个总经理说他用人的原则是肯干就好。"那能干要不要紧？"他会告诉你："不能干，肯干有什么用？"听起来好像能干又比较重要了。再问他忠诚要不要紧，他说："那更不用说了。"中国人凡是不用说的，都是最重要的。

中国人永远将忠诚列为第一。不管是中国企业还是外国企业，对于员工的"能力"都是很重视的。可是对于中国式管理来说，是不主张"能力本位"的。我们主张更多的是道德本位，而道德的体现首先是忠诚。我们对人的要求，是先求忠诚，然后再求能力。

而西方人是先求能力，对员工的忠诚度却并没有太多要求。西方人几乎很少讲忠诚这两个字。如果你有来自外国的朋友，可以问问他："你对你的公司忠诚吗？"他大概会觉得很荒谬！好奇你为什么会有这种观念。

一个外国人在一家公司工作，他可以打报告说："我要请假两天，因为我要去另一家公司求职，如果那家公司接受我的话，我就要离职了。"他可以这样子，你敢吗？你去报告老板，说自己要请两天假，因为你要跳槽。老板也许会让你今天就走，不必等到那一天！他心里想怎么会有人大胆到连这种话也敢讲。

外国人就是这样，哪边给他的钱多，他就去哪边，除非老板给他涨工资，不然就不留。外国人对公司不必忠诚，不是不忠诚，而是不必忠诚。对老板不必忠诚，他忠诚的是他的工作。我对工作忠诚，我对人为什么忠诚？他们的忠诚大多是以事为中心，而中国人的忠诚大多是以人为中心。

诸葛亮能为后世所称赞的一个非常重要的因素就是他的忠诚。

刘备三顾诸葛亮于茅庐之时，所拥有的不过是一支依附在荆州牧刘表之下的微小力量，而诸葛亮最终愿意出山辅佐刘备，一是因为刘备属于汉王朝刘氏宗亲，诸葛亮作为忧国忧民的知识分子，为匡扶汉室、维护正统，选择出山辅佐此时尚不成气候的刘备；二是汉末时期天下纷乱人才辈出，诸葛亮要实现自己的政治抱负、人生的宏伟蓝图，必须要追随一位识得"千里马"的"伯乐"，而历史的机缘促成了刘备与诸葛亮的相遇，这不仅是诸葛亮的机会，更是刘备的幸运。最终的史实也表明，诸葛亮不负刘备厚望，挽狂澜于既倒，扶大厦之将倾，殚精竭虑，鞠躬尽瘁，奠定魏蜀吴三分天下的局势。

《三国志》中记载，刘备伐吴夷陵战败后，退避白帝城弥留托孤之际泣曰："君才十倍曹丕，必能安国，终定大事。若嗣子可辅，辅之；如其不才，君可自取。"亮涕泣曰："臣敢竭股肱之力，效忠贞之节，继之以死。"世人皆知后主刘禅是"扶不起的阿斗"，诸葛亮作为托孤大臣，以总揽朝政之权，明知刘禅并无治国的才能，硬是保持对蜀汉对先帝对现帝的忠贞不二之心，终生坚守为臣之本分，精心辅佐，死而后已。而对比曹魏重臣司马懿对魏少帝曹芳的作为，诸葛亮实乃高风亮节，人臣之楷模。

不仅如此，在诸葛亮的言传身教之下，其子诸葛瞻、其孙诸葛尚均忠君报国，在魏灭蜀前夕的绵竹关激战中，诸葛瞻父子双双战死，为国殉身。虽然蜀主刘禅昏庸无能，但诸葛亮祖孙三代仍然为蜀汉江山肝脑涂地，恪尽职守。

大权在握，不生不轨之心，臣为君死，家为国亡，这才是真正的忠臣。

中国人用人的标准是以人为主，因此我们第一要对公司忠诚，第二要对老板忠诚。忠诚和能力二者的排列组合有四种，即：既忠诚又能干、只忠诚不能干、只能干不忠诚、不忠诚不能干。一个人既忠诚又能干，我们第一优先录用这样的人。但是这种人往往非常少，那么只能退而求其次了，选取只忠诚不能干的人，这样的人是第二优先的。不忠诚不能干的人，是第三选择。不忠诚而比较能干的人，是最后才会考虑的。

你有没有发现，同样在不忠诚的人中，我们会录用能力比较差的，而不会录用能力比较强的；同样忠诚的人中，我们会录用能力比较强的，而不会录用能力比较差的。为什么？我问过很多老板为什么会这样，他说很简单，同样不可靠的人中，没有能力的比有能力的可靠，因为就算他想搞鬼也搞不出什么名堂。如果重用有能力而德行差的人，说不定什么时候就被他害死了。我们最怕的就是能力很强，而一点不可靠的人。

因此，企业用人的准则是：先求忠诚，再求能力！这样更加安全。

外国人不在乎员工忠诚不忠诚，只要能力够，他就会录用。因为一般外国企业的制度都很严格，这些制度将员工限制在一个固定的框架中，使员工动弹不得。

而在中国，制度较为灵活，老板在管理企业时，更多的是使用人性化管理。

以诚感人者，人亦诚而应

🌀 **要征服一个人，最重要的就是要收服他的心。**

《易经》第三十一卦咸卦《象》曰："天地感而万物化生，圣人感人心而天下和平。"意思就是天地感应互动，万物得以生长，圣人要知道感动人心，让百姓和谐相处、安居乐业。

为什么我们那么重视人心？

想想看，一般我们骂人都骂他有坏心，而不会评论他的身体。因为身体是工具，它没有自主性。我想问大家，如果你不想打人，你的身体会去打人吗？你要打人，就是你的心指挥身体去打的。这样各位才知道，为什么我们那么重视人心。"人心惟危，道心惟微"，人心是变化莫测的。

所以，我们要征服一个人，最重要的就是要收服他的心。诸葛亮七擒七纵收服孟获的故事，就是以诚感人、收服人心的经典案例。

建兴三年，蜀国边境的蛮王孟获联合建宁太守雍闿起兵犯境。诸葛亮得知消息后，上奏朝廷，决定亲率大军前去平定叛乱。诸葛亮是想通过攻打孟获来获得更多的土地吗？不，诸葛亮决定亲自去打孟获，是因为孟获犯境在先。我们中国有句话说得好，人不犯我，我不犯人；人若犯我，我必犯人。诸葛亮此番攻打孟获，是为了安边，知道这一点非常重要。

诸葛亮亲率大军到达云南后，驻扎在永昌城中。一夜，随行而来的大将马谡来到诸葛亮帐中，诸葛亮便趁机询问马谡对此次交战有何高见。马谡说擒拿孟获容易，让孟获心服很难。马谡说的这一点让诸葛亮非常欣赏，因为诸葛亮知道，要打孟获太容易了，一个礼拜就能把他打下来，可是要想让孟获心服口服却不太容易。就算打赢了，蜀军一退，孟获可能又要反叛，这样害得自己疲于奔命不说，还会影响蜀国的北伐大计。

从一开始，诸葛亮想的就是感化孟获，而不是强行压制；要让孟获心服口服，而不是存心要把他们打得很惨。这一点，马谡倒是和诸葛亮不谋而合。随后，两军交战，孟获派出的两员大将战败被俘，诸葛亮亲自为他们松绑，并热情地款待他们。

如果是曹操来做这种事情，我们就会说曹操是想收买人心，可是由诸葛亮来做，我们就会说诸葛亮是想收服人心。一个是收买，一个是收服，不同的人来做，我们给予的评价也不一样。想收买人心的人所做的事情并非出于真心诚意，而是为自己接下来的所作所为做掩护。可是诸葛亮没有这种想法，他收服人心的出发点是想大家好好相处，彼此谅解，并不是自己要从中获得什么利益。因此，诸葛亮死后，孟获一方的人不但痛哭不已，而且还为他立庙。

这些都不是诸葛亮想要的，一个人不想要却自然获得的东西才是最真实的。如果诸葛亮强迫他们一定要这样做，那他死后孟获一方的人肯定是高兴而不是悲伤。这其中的道理非常值得我们用心体会。

当时，孟获所代表的南方少数民族的文明不如中原发达，诸葛亮开拓西南是用自己的文明去吸引他们，让他们自然而然地归顺，这是我们爱好和平的表现。

我们中华民族的优势之处就在于文明。现在有些人一提到文明就想到物质文明，这是我们应该反省的地方。文明有物质的，也有非物质的，我们的优势在非物质文明上。虽然在历史上，我们有在物质文明上输给西方的时期，但我们还有更好的非物质文明值得好好发扬。诸葛亮当时就是利用文明上的优势去跟孟获互动，这个过程跟打孙吴和曹魏是不一样的。

有人说我们中国人对自己人比较严苛，对外国人比较宽松。其实这才是一个文化大国应有的心态，但是千万要记住，只有自己的文化优势还在的时候才可以这样做，否则就是懦弱的表现。

诸葛亮现在不是懦弱，也不是怕死，他有文化上的优势，知道自己这样做对方不会说他是懦弱，好像自己打不过别人，想要别人手下留情一样。诸葛亮打败他们轻而易举，但他仍这样热情地款待，表现出来的修养与仁德，那两位少数民族将军也心中有数。

当时南方人跟中原人的表达方式不大一样，这两位将军说话相当直接。他们说并不是自己想打仗，只是首领孟获下令要打，作为下属没有办法，不得不打。

诸葛亮宴请完孟获手下的两员大将，便送上厚礼，放他们回去了。不久后，蜀军与孟获再次交战，诸葛亮略施小计，便生擒了孟获及其部众。

孟获当然不服。有见识的人会从中知道诸葛亮并不简单，没见识的人才会觉得他徒有虚名、不过如此而已。现在孟获看不懂诸葛亮，所以他马上就要吃亏了，包括跟他在一起的人，都要跟着倒霉。

诸葛亮释放孟获，孟获连谢都没谢一声。因为他认为诸葛亮是耍诈擒获自己的，并没有什么了不起。他们习惯正面交战，根本就没有什么兵法。可是诸葛亮没有必要跟他硬拼，略施小计他就跑不掉了。孟获不服气是孟获的事，诸葛亮怎样抓他是诸葛亮的事，我们只能说孟获中计是意料之中的，谁叫他打不过人家呢？可他就是不服，我们也要尊重，因为他不懂得其中的奥妙所在，只是用自己的标准来衡量。

其实诸葛亮不仅放走了孟获，还释放了随同孟获被擒的士兵，并且赠送他们酒食米粮。这就是马谡所讲的要收服人心。你怎么知道除去了孟获，不会来个比他更厉害的人呢？况且这些人很自然地让孟获来领导，一定有原因，外来人最好不要随便介入或评判这些事情。

诸葛亮善待士兵，还送给他们粮食，士兵们感动之余，就会慢慢地传出去：诸葛亮不是来攻打他们的，而是来照顾他们的。一个是侵略人家，一个是教化人家，这就是两者之间最大的不同。

诸葛亮善待孟获，但孟获并不领情，回到山寨就开始谋划反叛了。但这次依然以失败告终，孟获的将领趁孟获酒醉，把他捆绑起来送给了诸葛亮。

诸葛亮还是以礼相待，因为他根本就无心杀孟获，而是想收服他，否则在第一次抓到他的时候就动手了。孟获对诸葛亮说，这次只要放他回去，他就会率众来降，这当然不会是真话。要投降现在就能投降，何必等到回去之后率众来降呢？所以这分明就是孟获的借口。可是，诸葛亮还是装作信以为真的样子答应了他。要是诸葛亮板起脸来当场揭穿孟获的谎言，看起来很聪明，结果只会聪明反被聪明误。然而诸葛亮是个真正聪明的人，只是在平常不会轻易表现出很聪明的样子，这就是老子所讲的深藏不露。

凡是一个人迫不及待地想表现出来的聪明大多都是小聪明，真正大智的人是若愚的。看起来笨笨的人反而可能有大智慧，看起来非常聪明的人可能也不过如此，这种道理中国人再清楚不过。如果一个人不懂得含蓄，不懂得深藏不露，知道点儿什么就赶紧外露，是很粗浅的表现。现在诸葛亮表现出什么都不知道的样子，更能显示出他的智慧。

即使孟获一再被擒，他都不心服，那怎样对待这样的人？如果诸葛亮现在放弃当初的计划，那他之前所做的一切不就都白费了吗？就像有些父母，都说拿自己的孩子一点儿办法也没有，怎么说他都不听，想放弃教育了。父母把孩子养这么大，现在放弃了，那以前受的苦有什么意义？

孩子没办法教育，其实只是父母的力道不足而已，哪天力道足了，孩子自然就听话了。孟获就像一个不听话的小孩子，要是诸葛亮的耐心不足，第一次对他笑眯眯的，第二次对他还算客气，第三次就翻脸斩了他，那就说明诸葛亮前面都是装的了，并没有什么诚意。一个人要经得起对方的考验，这一点诸葛亮做到了。他第一次抓到孟获后笑笑，孟获不知道是真是假；第二次也很热情，孟获还不知道是真是假。诸葛亮就这样捉了放，放了再捉，孟获使出各种招数，诸葛亮逐一破解，总共七次擒得孟获，七次都无条件释放了。

诸葛亮最后一次释放孟获时，还送了一些粮食和衣服给孟获的军士，告诉他们回家好好过日子，不要总是想着打仗。一经战乱，军士死的死、伤的伤，日子很不好过，所以都发自内心地请求孟获不要再打了。孟获可能也觉得这样打下去对不起自己的部队，心也开始软化了，只不过以他的个性，要他马上表示投降恐怕还做不到。

孟获一定也没有想到，连妻子祝融夫人也劝他投降。他周围的人一开始都跟他站在一起，要共同对付诸葛亮，现在一层一层地剥掉了。此时孟获可能觉得自己慢慢变得孤单了，渐渐脱离群众了，于是开始反省自己是不是做得太过分了。这些都是诸葛亮想要达到的效果。可见，很多事情刚开始好像没有成效，但随着力道加强，就开始产生作用了。

孟获表面上还是很强硬，认为诸葛亮每次都引他上当，这样的胜利是不光彩的，所以始终不认输，语气还是很硬，说一句"我不投降"就走了。他没想到的是，诸葛亮叫人送干粮给他，告诉他好好去找一个地方。这么一来，孟获最后的一道防线就崩溃了。

如果孟获被诸葛亮追赶、辱骂，他还会抵抗，而诸葛亮完全尊重他的选择，他真正地被感动了，觉得自己太不像话了，做人不能这样。所以，后来他跟诸葛亮讲，虽然自己没有经过什么教化，但是心也是肉长的，自己如果再不投降就是无耻。孟获此次投降是真心的，而且是长远的。

孟获投降，率众把土地献给诸葛亮，他是诚心诚意要投诚的，从此归顺蜀国。然而，诸葛亮原封不动地还给孟获，仍旧由他来管理，所有的人民和财产蜀国都不会动。孟获不敢相信这是真的，又恳求诸葛亮指派官员来治理此地，诸葛亮说一切照旧，这次来是为了修好，不是来占领土地、统治人民的。诸葛亮用实际行动，使得所有南中人民永远感谢他的好意。

诸葛亮没有带回任何奴隶，没有掠夺任何财产，也没有指派一名官员，反而使得南中人民自愿归并到蜀国。

诸葛亮七擒七纵孟获，值得吗？肯定是值得的，因为从那以后，诸葛亮不再担心南方作乱，从而可以一心一意地完成北伐使命。当然，这个使命能不能完成，那是另外一回事。他千里迢迢历经千辛万苦，用无比的忍耐，最终获得了非常显著的胜利。这种胜利并不是带回去什么有形的财产，而是带来无形的、长远的和平，这才是老百姓最大的福气，这才是真正的胜利。

那么，如何才能以德服人？归纳起来，有下述五个重要的原则：

一是修身。

管理者与被管理者都应该以修身为本。能力较弱的人，最起码要做到独善其身，尽量自律，自己约束自己的言行；能力强的人，就应该推己及人，以求兼善天下。

我们推行能者多劳的原则，必须以自己的智慧与道德为基础。因为一个人唯有既贤且能，才能受到大家真诚的拥戴。

二是亲民。

管理者的责任，在于精神和物质两方面并重，即一方面要促使被管理者不断提升自己的伦理道德水平，另一方面应该使被管理者获得必需的物质资料，以维持日常生活。

管理者在职场中以身作则，用自己的品德来感化员工，同时在物质方面，最好不要和员工有太大的差距，这样的管理者才具有亲和力。

三是守中。

人在物质方面的享受，并没有止境。身体的欲望倾向是十分危险的。伦理道德的力量很精微，我们稍有疏忽便会使之荡然无存。为了避免发生错误，管理者和被管理者必须时时刻刻致力于守中，也就是寻找合理点，并坚持实践。

"中"即合理，坚守合理便是守中，人人守中，目标才能够一致。

四是中道。

管理者由修身开始，谨慎守中以求亲民，这种修己安人的管理途径，即为中道。凡事求合理，即为中庸之道，现代称为"合理主义"。追求合理的途径，便是中道。

因而，只有那些力求无一事不合理的人，才是堂堂正正的中国人。中国式管理，简称中道管理，说起来就是合理化管理。

五是和谐。

孔子当年所说的"世界大同"，相当于现代的"地球村"概念。在西方霸道文化的影响下，19 世纪英国殖民地众多，20 世纪美国武力超强，自命为"世界警察"，这些都不符合 21 世纪的发展要求。

中华民族的和平崛起，使世人真正感受到中道文化的和谐与可贵。促进世界大同，才是人类之福！

谋领导之所谋，想领导之所想

> 一个聪明的干部从来不会去改变老板，而是让老板自己改变自己。他自己改变了，会感谢你；你强迫他改变，他会开除你。

老板与干部的关系，就像棒球运动中投手跟捕手的关系一样。投球的时候，表面上看，是投手在做主，他想投哪里就投哪里，其实做主的是捕手。每次投手投球前，捕手都会用手势告诉投手投哪里，否则捕手怎么能接得到。投手和捕手之间要有高度的默契，老板和干部之间也应如此。

想要培养默契，首先要建立共识，就是说干部要和老板建立统一战线。只有干部和老板心往一处想，劲往一处使，企业才能顺利发展，老板才会放心将权力下放给干部。否则，各有各的心思，各有各的盘算，怎么可能精诚团结？如果董事长的决定，总经理不完全接受；总经理的决定，各部门经理有不同的解读，整个企业就会混乱不堪。

我们都知道诸葛亮非常能干，他作为蜀国的"干部"，也善于谋领导之所谋。

刘备去世后，曹丕想趁机起兵讨伐。司马懿建议曹丕动员临近蜀国的三个小国，各出一路兵马，另外修书东吴，许以割地，令其出一路兵马，再加上曹魏自己，共五路兵马夹击蜀国，曹丕欣然同意。

司马懿以五路兵马攻打蜀汉，这用现代的话来说，就叫作外包工程，把一个大项目分割成几段，每一小段分别找外包的人。否则就算出动魏国所有的士兵，也不可能分成五路，况且这五路大军如果相距太近的话，也起不到什么作用。所以司马懿建议曹丕让各路大军从不同的方向攻打蜀国，给蜀国以沉重的打击。

听说曹丕派五路兵马来攻蜀汉，刚刚即位的刘禅十分慌张。他的这一反应我们也很容易预料到，因为刘禅自己也清楚，他根本没有能力来当这个皇帝，出来接这个班也并不是自己的意愿。一般人对刘禅的印象和评价都不太好，但我们应该承认，刘禅是个很守本分的人，大家硬把他哄抬上台，他自己也毫无办法。就像一个不想坐轿子的人，大家硬要把他拉上去，坐上去又能做什么呢？什么都做不了。他敢不听诸葛亮的，自己乱做主张吗？大家要将心比心，设身处地地去了解刘禅的处境。

如果诸葛亮的个性跟曹操一样，那刘禅就是第二个汉献帝了，幸好诸葛亮不是那样的人，所以刘禅最起码表面上还像个皇帝。既然像皇帝，就要关心国家大事，不能什么事情都一问三不知，或者通通让诸葛亮去管。刘禅得知曹丕来攻而诸葛亮又生病不在，也是非常着急，不知道该怎么办才好，这是他必然的反应。

为什么诸葛亮又托病不出呢？大家都知道，他每次托病不出都是有用意的，真的生病大家都会知道，如果托病不出，大家也知道他一定又在动什么脑筋。这次也是一样，诸葛亮并不是为了做给刘禅看，看刘禅自己有什么本事，到时候要不要来请他。诸葛亮不是这样的人。刘备临终时跟他说，如果刘禅能干就帮助他，不能干就取而代之，他在地上磕头磕得血都出来了。既然承担了这样的重大责任，怎么可能耍手段呢？既然答应了人家，就要把事情做好，把责任扛起来。这次诸葛亮深居不出，是想充分利用时间，好好考虑怎样去对付那五路兵马。所以，刘禅来看他的时候，他还觉得很突然：怎么皇帝来了呢？可见他心里并没有那些杂七杂八的念头。

入庭后，刘禅见诸葛亮在园中赏鱼，问诸葛亮"安乐否"？当然这是很没有礼貌的，哪有一个在官宦之家长大的人会问这种话？说"安乐否"，意思是"你玩得很愉快呀，看着池中的鱼，很有闲情逸致啊"。其实这是在指责诸葛亮不负责任——国家面临这样的困境，你却躲在家里看鱼，你称职吗？像个丞相吗？这完全等于是在骂诸葛亮。

但是诸葛亮并没有介意，因为他知道刘禅不是有心的。人与人之间一定要互相包容，互相理解。刘禅只是有些幼稚、天真和无知，但并没有什么恶意，所以诸葛亮不会跟他计较，我们也不应该怀疑刘禅的动机，何况他也没那个能力。

诸葛亮笑着扶刘禅进屋坐定后，说来攻的五路兵马自己已经退了四路，随后便讲出了自己的计策，并派人分头实施。有这种可能吗？答案是你相信就有，不相信就没有，很多事情都是这样。那边司马懿无中生有，自己只有一路兵马，却调动了外面的四路兵马。这边诸葛亮也是无中生有，找关系劝说其中的一路兵马，说他承包这个工程一定是亏本的，最好趁现在还没有动工就赶紧推掉；吓唬另一路兵马，说如果他敢动一动，就给他好看。用利诱、威胁、说情等各种方法，把其中的三路兵马都吓退了，对魏国自己的那支军队就只守不攻，这样一来，就只剩东吴的那路兵马。所以，诸葛亮在家里不是真的优哉游哉地看鱼，而是费尽苦心，以虚治虚，以实治实，方方面面都考虑得很周到。否则只要有一点点差错，这五路兵马就退不掉了。

刘禅听后欢喜而出，诸葛亮弯腰恭送。

诸葛亮对刘禅十分恭敬，这不是没有必要的。如果诸葛亮对刘禅不恭敬，那他就跟曹操没什么两样了。在皇帝年纪比较小的时候，往往都会指定辅佐大臣。如果辅佐大臣真心诚意地指导小皇帝，帮助他，让他成长，那么就是好的辅佐大臣；如果一切为所欲为，一心只想让自己的口袋鼓起来，这样的辅佐大臣只不过是拿小皇帝当傀儡，就变成国贼了。如果诸葛亮倚老卖老，认为自己跟刘禅的父亲是老朋友，而刘禅不过是个小孩子，什么都要听他的才对，那他就不是诸葛亮了，后人也就不会如此尊敬他了。

虽然所有事情都是诸葛亮拿主意，都是他在发挥作用，但既然已经答应人家，就应该维持最起码的君臣之礼，换句话说，最起码要守自己丞相的本分。因此，诸葛亮做任何事情都要上奏刘禅，而不是随便地跟刘禅交流，说自己打算怎么做，这是诸葛亮修养很好的地方。

在现代社会，虽说人人平等，但是层级观念必不可少，层级分明是中国组织中的鲜明特征。西方人只讲权利与义务，没有层级观念，不管对方是谁，什么话都敢直接说。在西方的企业里，彼此可以称呼名字，没有上下级的区别。中国人则不同，讲话要先看对象：对上面是一种方式，对下面是另一种方式，对平级的同事又是另一种方式。

现代企业的老板也是如此，虽然他不像皇帝那样霸道，但是也希望干部与员工以他为重。因此，当你的老板叫你做什么事情的时候，他会关注你有没有在做。如果你打算先将手边的事情做完了再做老板交代的事，那老板肯定不高兴，因为在老板看来，不是他叫你做的都是不重要的事情，他叫你做的才是重要的。

除了建立共识，干部还要维护老板的权威。

老板要管理整个企业，必须树立自己的权威，能做到不怒自威最好，让下属在尊敬自己的同时，还有一点惧怕自己。如果下属毫不害怕老板，说明他心里根本没有老板的存在。

一般来讲，员工都很怕老板，但不怕干部。而有些干部因为资历深、贡献大，和老板走得最近，经常忽略这一点，擅自与老板称兄道弟，或者处处以老板的朋友自居，无形中就会冒犯老板的权威。

老板要维护自己的权威，最不喜欢员工对他有负面的评价。因此，当老板问你对他的看法时，你最好说些好听的话来应付。即使老板坚持让你实话实说，你也不要上当，不要对老板的缺点直言不讳，否则无异于自掘坟墓。

干部在老板面前应该谨言慎行，因为一说错话就损失惨重，职位越高越输不起。所以，多听少说就是干部基本的修身之道。干部不能放过忠言直谏的机会，但是一定要看准时机，要等老板心情好的时候再说，否则自身难保。曹操在长江边横槊赋诗，他的下属刘馥指出诗中有不吉之言，结果被曹操一槊刺死，这就是多嘴多舌的下场。

凡是经常挨骂的干部，都要自我检讨一下。对于老板的话，你反对就是顶撞，听话就是盲从，那应该怎么办？凡是老板说的，你就点头，过一段时间再来找老板说："现在有问题，怎么办？"一个聪明的干部从来不去改变老板，而是让老板自己改变。他自己改变了，会感谢你；你强迫他改变，他会开除你。

干部对老板也要学会"敬而远之"。

作为干部，一定要好好想想自己的处世之道，《三国演义》中有几个人物，可以给干部一点启示：一个是马谡，一个是魏延，一个是杨修。如果作为一个干部，总经理很欣赏你，但是董事长很讨厌你，你就是马谡；如果董事长很欣赏你，总经理却讨厌你，你就是魏延。这两个人的下场都很惨，一个是被诸葛亮挥泪斩之，一个是被诸葛亮死后杀之。而杨修则是自己不安分，屡犯大忌，结果被曹操找个理由杀了。

中国人常说"有缘千里来相会"，上下级之间相处得如何，也要讲个"缘"字。马谡与诸葛亮就很投缘，所以受到他的重视；而魏延就和诸葛亮不投缘，所以诸葛亮第一次见他就要杀他。

缘分的事勉强不来，但是干部一定要懂得明哲保身之道，才不至于以身犯险。既然不能与老板投缘，干脆就对老板敬而远之，保持适当的距离，距离才能产生美。

第一，不要介入老板的家务事。

这一点要学学诸葛亮，他虽然深得刘备的信任，可以说刘备对他言听计从，但他从不介入刘备的家务事。刘备曾问诸葛亮立嗣之事，诸葛亮笑而不答，让刘备去问关羽。干部如果介入领导的家务事，就会惹领导不高兴，其他的人也会愤愤不平。

第二，尊重老板的喜好。

比如，老板喜欢的颜色、饭菜口味等，这些东西完全是主观的，千万不要乱加评价，甚至反驳。尤其是他引以为豪的东西，哪怕他说自己打麻将很厉害，你也不要当着他的面说打麻将纯属浪费时间。

和老板保持一定的距离就不容易遭到老板的猜疑。一般说来，职位越高越容易受老板的猜疑。老板有这种心态很正常，人心隔肚皮，谁也不敢保证自己亲信的人不会心怀不轨，这也是老板的自保之道。上对下，要慎防"祸在所爱"，以免被亲信害死。下对上，要慎防"触犯逆鳞"，以免被老板辞退。这样相互提防确实很累，但每个人都不得已而为之。

为了自保，老板在选干部的时候，比自己强的不要，比自己弱的也不要。干部最好是老板在时很弱，老板不在时很强，这样才能保护自己。

最重要的是，干部要了解老板的心理。

有些中国人经常是心口不一的，嘴上说一套，心里想的却是另一套，所以不要把这些人说的话太当真。比如，他们在送客的时候，嘴上说着"再多坐一会儿吧"，实际上心里却想着"快走吧，不要烦我"。因此，当老板说"没意见"的时候，干部千万别当真，老板的意思是，"我有意见，只不过我尊重你，不方便公开指出，你真的要听，我们可以私底下交流"。

如果不问清老板的意见，出了问题，老板就会唯你是问。当然，你也不能逼着老板公开说出意见，因为老板有自己的立场，不公开反驳干部，是为了给干部留一点面子，表达自己对干部的信任，而不是他真的没意见。聪明的干部要明白老板的心意，私下里去征求老板的意见。老板是企业的首脑，大事小情都是他做决策的，他怎么可能没有意见？

刘备当初让诸葛亮离开荆州帮他攻打西川之时，并没有指明让谁接替他守卫荆州，只是让诸葛亮量才委用。但他派关羽之子关平送信，诸葛亮就明白刘备的意思了："主公书中，把荆州托在吾身上，教我自量才委用。虽然如此，今教关平赍书前来，其意欲云长公当此重任。"

但是，凡事适可而止，干部了解老板也要适可而止，过分了解老板，就会惹老板不满，杨修就是一个很好的例子。杨修是个聪明人，曹操的一举一动都逃不过他的眼睛，同时他也是个笨人，因为他处处表现自己知道曹操在想什么。

站在领导的立场做事

> 很多人是心口不一的，当他讲"无"的时候，心里想的是"有"；讲"有"的时候，想的是"无"；讲"不要"的时候，含有"要"的意思；讲"要"的时候，表达的却是"不要"的意思。

中国人讲究的是心意相通，我们只有设身处地站在领导者的立场来考虑，才能真正达成默契。养成揣摩上司心思的习惯并不像一般人所认为的那样是件坏事情，每一个人都要随时、随地、因人、因事地去度量上司的心思，只要不生坏念头就行。

当我们接到上司交代的任务时，揣摩领导授多大的权给你，揣摩领导到底相信你到什么地步，揣摩领导希望你什么时候向他汇报……这些事情，领导者都不会很明确地告诉你，全要靠你自己去揣摩。比如，领导交代你，这个客人难得来一次，午餐吃丰盛一点，其真实的意思却有可能是要你想办法不和客人吃饭。再比如，领导让你把报告拿回去再斟酌一下，其真实的意思则可能是说已经没有必要讨论了。你揣摩得越正确，两个人就越有默契。

很多人是心口不一的，当他讲"无"的时候，心里想的是"有"；讲"有"的时候，想的是"无"；讲"不要"的时候，含有"要"的意思；讲"要"的时候，表达的却是"不要"的意思。

只有了解了领导的真正想法，你才不会吃亏。

在隆中对的时候，诸葛亮就建议刘备不要直接去打曹操，因为打不过；也不能去挑衅孙吴，因为那会对刘备不利。刘备唯一的出路就是联合孙吴共同抵抗曹操。他说得非常清楚，因此隆中对的后一段是一般人没有注意到的，其实，这才是最重要的一段。诸葛亮说："你得到益州以后，我们就兵分两路夹攻曹操。"这才是重点，一路从四川过汉中，一路从荆州攻打过去，两路人马打得曹操顾头不顾尾，曹操就彻底地垮了，但是后面这段诸葛亮始终没有机会去实现。

可是我们也不能因此说他当初的整个策略是很完备的，所以要入川的时候，诸葛亮没有跟着去，一方面是尊重刘备的领导风格，另一方面，庞统追随刘备入川，而且荆州非常重要，所以他就在荆州留守。后来谁也没有料到庞统那么快就死了，于是，诸葛亮只有追随刘备入川，而荆州又非常重要，荆州由谁来留守？这是个大学问。如果你是诸葛亮的话，你会让谁留守？

我相信，诸葛亮的第一人选绝对不是关羽，因为他知道关羽是守不住荆州的。有人说："关羽武艺很高强，怎么会守不住？"只因为他太骄傲，这一点很容易成为他的弱点，被敌人攻击，后来东吴也正是抓住了关羽的这个弱点，把他杀掉了。一个人骄傲，其实是最大的弱点。诸葛亮心里想的最佳人选是赵云，如果荆州让赵云守的话，我想应该可以避免大意失荆州的惨剧。

但是诸葛亮的想法我们很清楚，如果他说："好，赵云留守，我入川。"这样虽然荆州能保住，但这可能会成为诸葛亮的一大罪状，有人会说："诸葛亮有私心，留自己的人，是不是准备自立为王呢？"虽然赵云是留守荆州最佳的人选，可是诸葛亮是幕僚，不是首长，无论从哪个角度分析，他都不能建议留下赵云。而张飞显然是更不可能留下的，如果派张飞留守，荆州也许会丢得更快。

所以，留守荆州的人选只有关羽，这是无可奈何的选择。刘备带给诸葛亮一封信，请诸葛亮量才委用，留下一位合适的将领镇守荆州。那我想请教各位，为什么刘备不指定？刘备没有指定，这是刘备高明的地方，这里有两个理解的角度，第一个角度是，他并不明言，却要诸葛亮去猜。这是聪明的领导者常用的方式。主要原因有三：

第一，加强诸葛亮的责任。

若刘备自己指定守将，责任完全由他承担。自己指定，万一出了差错，会让自己更加难堪。不明言，诸葛亮才会用心猜，仔细考虑人选，还要负起推荐的连带责任。这样对刘备非常有利，何乐不为？

第二，表示自己对诸葛亮的尊重。

直接指派将领，等于在众人面前给诸葛亮难看。问都不问一下，根本不把诸葛亮放在眼里，今后众人对诸葛亮也不会那么尊重，岂不徒增领导者的困扰，使核心团队产生矛盾？这种事最好不要做。

第三，预留调整的空间。

由刘备亲自指定，万一有什么变化，岂不是朝令夕改？由诸葛亮推荐指派，将来要改变，再由刘备出面，保留更大的调整空间。但是刘备好像没有想通这一点，否则为什么人选定下，却从来不调整呢？

那到底由谁决定？我们可以看出来，这是高度的艺术。诸葛亮其实有自己的主见，要把责任交给关羽。但他不说是自己的意见，反而指出刘备派关平送信过来，便是暗示要关羽担此重任。

这种聪明的做法，既可以激发关羽的自尊，使他不方便推辞，也可以稳定各位将领的情绪，认为刘备的主意应该加以尊重，而不便发表意见。这样，还能够以刘备代表的身份，对关羽做一些交代。有这么多的好处，当然要做。诸葛亮喜欢猜，也有能力猜中。刘备乐于让他猜，也有信心诸葛亮能知道自己的意思。双方有良好的默契，自然合作无间。刘备说如鱼得水，看来真是这样。

虽然这样谁都没有异议，但是诸葛亮心里七上八下，非常担心，因为两线作战是兵家大忌。所以，在读《三国演义》的时候，我们不要看它上面写的是大意失荆州，其实是必然失荆州，迟早非失去不可，为什么？因为关羽太正直了。

我们要知道，诸葛亮不是不知道安排关羽留守荆州的隐患，他只是顾全大局，所以这个时候最好的解决之道是什么呢？刘备应该主动出面说话，说让赵云留守荆州，我们一起入川。

诸葛亮没有立场，我觉得这个"立场"很重要。这就告诉我们，一个人再高明，再怎么有前瞻性，再怎么看得清楚，还是得站在老板的立场来考虑事情。我想很多的军师和重要干部最后跟老板相处得不好，就是因为他们只是站在自己的立场，没有站在老板的立场来做决定，这是很大的危机。

被领导者对领导者要心知肚明，心里要想着领会领导的意思，但千万不要显摆自己完全了解领导，即使了解也要装成不了解，这是一种自我保护。

探询领导的想法，是每个被领导者都要学会的。做不到这一点，只会多做多错。但是探询领导的想法也要适度，如果领导的一举一动，被领导者都知道，只会招来祸端。我们一定要警惕，既不能傻到不知道领导在想什么，又不能傻到完全知道领导在想什么。

被领导者要站在领导者的立场想一想：领导者最喜欢的是什么，最讨厌的是什么？你不能投机取巧，但一定要了解。如果领导者不喜欢准时下班的人，而且他自己也没有准时下班，那被领导者要怎么办？这要慢慢来。

第一步，可以在下班的时候，去找自己的主管上司，把今天还没有做好的工作向他汇报，问问明天怎么做比较合适。这是你的上司最紧迫的事情，因为他要到上级那里去，总会有话要讲。你的工作，就是领导最好的题材，他需要向上级报告事情的进展，请示明天应该怎么做……这样老板晚上才能睡好觉。

不要一下子报告到最高的领导那里去，那离你太遥远了。为什么中国人老讲，不怕官只怕管？意思就是：你跟官离得那么远，不要也用不着替他想，你也想不通；你要跟你的主管上司处好，他跟你的距离最近，你要供应他最需要的信息，就是今天到什么地步，明天有什么发展，后天有什么结果。这些东西，就算他没有机会讲，老板会随时问，他能够答得出来，那他就跟老板又靠近一步了。你要想跟他关系好，你就必须站在他的立场，提供他所需要的资讯，直到有一天，你就能有机会替领导分忧分劳，你的价值就体现出来了。老板一有什么事情，你不能替他做，但是你会出主意，他觉得这样很好。

为什么刘备对诸葛亮那么尊敬？他们也没有什么亲戚关系，诸葛亮也不是有什么家产的人，只是他每次出的点子，刘备都觉得太好了。就这么一件事情而已，但不是平常人能做得到的。这要不断地积累，然后在适当的时间提供可行的方法，那样老板自然会让你分劳分忧，他就会特别照顾你。

深怀忧患意识，才可免于忧患

> 一个人没有近忧，他就必定有远虑。因为他没有忧患
> 意识，他的警觉性就会下降，做什么事情都会大意。

大部分人希望能够趋吉避凶，但是怎么做才能趋吉避凶呢？答案很简单，只要能"后悔"在先，不要"后悔"在后，就可以在很大程度上做到趋吉避凶。

做任何一件事之前，都要想事情的后果可能怎么样，出现这种后果自己会后悔吗？如果事先不想，万事都先做了再说，到时候再后悔就晚了，因为凶已经出现了。如何才能不让凶出现呢？中国人有一句老话，叫作立于不败之地。一个人能够立于不败之地，当然就没有凶了。可是我们会发现，这样也就没有吉了，因为人生本来就是要超越吉凶的。

《易经》大有卦爻辞初九：无交害，匪咎，艰则无咎。对"无交害"的解释主要有四种，一是谦卑交往，最近没有灾祸；二是没有来往就没有伤害；三是没有得到该得的利益而有害；四是不与人交往而有灾祸。

在这四种解释中，我更偏向于第一种，我认为如果一个人没有近忧，他就必定有远虑。因为他没有忧患意识，他的警觉性就会下降，做什么事情都会大意。所以初九告诉我们：一个人要进入大有的基本

原则是什么？就是不要失去忧患意识。

《易经》最宝贵的就是忧患意识。忧患意识不是要一个人怕东怕西，对什么都感到恐惧，而是要他提高警觉性，预先防范和考虑那些可能发生的、会让人感到不安的因素。因此，无交害就是在提醒我们，一个人没有近忧，就不可能有远虑。既没有近忧又没有远虑的情况也算不上咎，即"无咎"。但是人会因此自满、自大，放纵自己，将来可能就"有咎"了。

"有咎"该怎么办呢？我们要注意后面这四个字：艰则无咎。我们要常常回想，能得来今天的局面是多么不易呀，是多少人吃尽苦头，才有这么一点点成果啊。你不要一下子毁掉，特别要注意不要在自己手上毁掉！否则你会对不起自己，觉得良心不安。这样一来，你就会维持高度的警觉性，不会忘记当年的艰难，有很多事情你会知道合理的节制，那就无咎了。只要你忘记了那种艰苦的情况，马上就有咎了。但是很多人是很难过这一关的。

我们把预先考虑事情后果叫作具有忧患意识，这绝不是自寻烦恼。自寻烦恼是无事生非，而具有忧患意识则是未雨绸缪，二者是完全不一样的。

吉悔常用的时候，吝凶就可以减免，这是我们的法则。吉跟悔是联系在一起的，当我们顺利的时候，先不要高兴，应该想到自己这样顺利，会不小心得罪很多人，然后就倍加小心，这样可以避免很多麻烦。如果你赚了钱一回到老家，就把新房子高高地盖起来，你就得罪左右邻居了。因为你让邻居们都没有面子，他们心想："你有钱了是不是？你可以盖高楼是不是？来我们面前炫耀是不是？"如果邻居们有这样的想法，你迟早要吃苦头的。

日常生活中是如此，职场上更是如此。一个人碰到好老板，他面临的难题是什么？三个字，人会变。人是会变的，人的可怕就是因为他会变，今天对你委以重任，明天可能对你置之不理。我想这是很多人会遇到的情况，所谓得宠跟被冷落就是一念之差。

中国人很少被裁员，领导一般会让你主动辞职。他把你搁置起来，没有人理你，你就只好自己走了。一些很聪明的老板，很少直截了当地开除谁，他有很多办法让你自动离开。所以，一个人得到赏识的时候要怎么表现，将来受冷落的时候该怎么收场，都跟领导的个人风格息息相关。很多人在得到赏识以后，就忘记了自己是谁，把自己捧到很高的位置，可将来一旦摔下来，那是很惨的。中国人向来就说："我支持你，你放心去做。"但是下面半句话从来不说，那就是："你要好好做，我就支持你；可如果你不好好做，我就收手不管了，你就会重重地摔倒在地上。"

汉字是一种有弹性的文字，中国人、中国字、中国话也都是有弹性的。我认为，一种很成熟的语言是不需要文法的，尽管有些人认为没有文法则代表这种语言很差劲。我认为文法在一定程度上限制了我们所要表达的思想，形式束缚了语言，这是很糟糕的。

诸葛亮越被赏识，就越提高警惕。他会想："有一天，我会摔得很重，怎么办？"所以当刘备非常听他的话的时候，他就提高警惕了，心想："如果有一天，他连我的话都听不进去了，怎么办？"

这句话很重要，不是"不听我的话"，而是"听不进我的话"，这两句话的意思截然不同。老板很放心，可是他放不下心；而干部很得宠，可是越得宠，将来可能摔得就越痛。

刘备用人有一个特点，就是他一个时期只能重用一个人。这么爱才的人得到信息说，卧龙、凤雏都很了不起，可是他重用诸葛亮之后，庞统来找他，他就爱搭不理的，只委派他当一个小小的县令，后来鲁肃出面说："这是个人才，你怎么可以这样呢？"他才开始重用庞统。重用庞统以后，他的心思就全部放在庞统身上，结果把庞统害死了，然后又来了个法正，他又把注意力转移到法正身上。有的人会同时重用很多人才，曹操就有这个本事，可是刘备就只能一个时期专注一个人才，这一点诸葛亮看到了，因此他有危机感。

曹真死后，司马懿接任都督职位。就在诸葛亮与司马懿即将开始新的较量之时，蜀军的将领苟安延误了军粮，理当判死罪，诸葛亮却严加鞭打，结果就非常糟糕。诸葛亮如果当场斩掉苟安，就不会有什么后患，杨仪提醒说苟安是李严的人，李严也是托孤大臣，好歹要看看他的面子。于是诸葛亮就答应了，说死罪可免，但活罪难逃，就此留下祸患。

我们的社会中也经常有这样的人，喜欢提醒别人，想到什么就讲什么，也不去想当讲不当讲，更不去想后果如何，以致后患无穷。这件事告诉我们一个道理，该严的时候一点儿都不能宽松。

苟安受罚后居然投降了司马懿。这样的案例，我们看过太多。司马懿不相信苟安，说他可能是来诈降的。苟安连连表示诚意，司马懿便让他回成都散布谣言，说诸葛亮想要取代刘禅，苟安当然赶紧从命。

偏偏有人将谣言传给刘禅，而刘禅偏偏又相信了。照理说，刘禅是没有理由相信的，如果诸葛亮要取而代之，何必等到现在？但事态往往转变于一念之间，刘禅原本不相信，或者认为相父取代自己也未尝不可，可转念又觉得当皇帝也蛮有意思，如果相父做了皇帝后，自己又如何是好？

这么一来，情况就发生了逆转。曹真被气死后，北伐的形势非常有利，诸葛亮原本可以一鼓作气取得胜利，结果宦官趁机点火，让刘禅降诏把他召回，导致前功尽弃。

诸葛亮当时正召集部下，准备做一番精神教育，把大家的士气激发起来，然后继续北伐，而且他很有信心，这次机会难得，一定可以收复中原，没想到话正讲到一半，圣旨就来了。

"将在外，君命有所不受"，这个办法司马懿在讨伐孟达时就用过。但诸葛亮没有资格这么做，因为他的目标太显著了，随时都有人怀疑他要取代刘禅，就算他丝毫没有这种想法，别人也会添油加醋地说得很难听，因此他要格外小心，格外地诚惶诚恐，每次见刘禅的时候，都毕恭毕敬地行君臣之礼。按理说，他不必如此，可是他如果不这样做，就会变成与董卓、曹操一样的人，变成历代所看到的那种倚老卖老的辅佐大臣，更会引起大家的疑心。

所以，诸葛亮在接到圣旨后，最终还是决定回去，这是很明智的做法。诸葛亮以他的身份、地位以及修养，给我们做了一个很好的示范。

实际上，各行各业，不管哪一个层级的人，都应该有危机感。我们今天叫作危机意识，实际上是忧患意识。

所以，当你现在非常顺利的时候，先不要高兴太早，应该想到自己这样顺利，会不小心得罪一些人，然后要倍加小心，这样才能避免很多麻烦。

人不能不忧患，有了忧患意识，提前做好准备，你才可以免于忧患，才可以在忧患来临时不至于手忙脚乱。像这些道理，自古迄今，都没有褪色。

㉓

做事靠能力，成事靠本事

越是大事、急事，越要缓办

> 急风暴雨没有用，太小的雨也没有用，持续的好雨才行。

《三国演义》中有一个大家都很熟悉的故事，叫"舌战群儒"。讲述了诸葛亮为联盟孙权抵抗曹操的过程中，遭到东吴诸谋士的责难，最后都被诸葛亮一一反驳。

在辩论场上，诸葛亮口若悬河，每一句话都如一把利剑，把每一个来犯的敌人杀得片甲不留，让人看后不禁热血沸腾，拍案叫绝。经过此次辩论对垒，诸葛亮也一战成名，在接下来与各方的斡旋中掌握了主动，为后来打赢赤壁之战打下基础。

那么，处在当时那个情境的诸葛亮，面对东吴那么多谋士的刁难，还能镇定自若，终获胜利，真的只是靠着强大的气场和天生的一张善辩之嘴吗？

当然不是，这其中满满都是处事的智慧。

当时，诸葛亮料定孙权有联合之意，所以决定随鲁肃前往江东说服孙权共同对抗曹操。到了东吴，孙权并没有马上接见诸葛亮，而是先让他会见江东群臣，然后再共商大事，这是孙权很高明的地方。如果他一听说诸葛亮来了就二话不说先请过来见面，就会留下很大的后遗症。因为这件事不是孙权跟诸葛亮就可以决定的，否则他们两个人谈妥就好了，还管东吴的大臣干什么呢？

只是那样的话，就无法出现孙权所希望的众志成城、齐心协力的局面了。

所以，孙权决定先让诸葛亮去碰碰钉子，看看他能否说服张昭等人。如果说服了，孙权就能借力使力，解决这个大难题。如果诸葛亮连这些人都说服不了，他就要重新考虑是否应该跟刘备联合起来抵抗曹操。于是孙权跟鲁肃讲，先让诸葛亮好好休息一下，明天让他会见东吴大臣，然后再一起议事。

但诸葛亮怎么会有心情休息呢？他内心万分焦急，刘备那边危险重重，孙权这边早一天下定决心联合抗曹，刘备那边就早一天得到保障。但他也不能强行去见孙权，否则只会适得其反，于是只好耐住性子，既来之则安之。

这也是我们常讲的急事要缓办。急事急办，只会制造更多的问题。急事缓办，先让大家的情绪稳定下来，然后再好好想想接下来该怎么走，才会一步一步走得很稳当。

在我们的一生当中，每个人都会面临大大小小的无数次选择，每次选择都需要做出某些决断。决断得好，人生就是另一番风景；决断不好，后果也只能自己承受。可以说人生其实是由一个又一个决断构成的，这些决断看似轻而易举，却暗藏着很多隐患，尤其是大事、急事，更需要慎重抉择。

《易经》中有一个专门讲决断的卦——夬卦，或许能给我们一些启示。夬卦的卦象是下面五个阳爻，上面一个阴爻，五个阳爻代表君子，唯一的阴爻代表小人。夬就是决断的意思。现在大家的眼睛都盯着唯一的一个阴爻，都想赶快把它干掉，看似势在必得，但是这时候要特别小心谨慎，不能因为想把它除之而后快，就毫无顾忌。

这是什么道理呢？因为如果最上面的一阴被干掉，它就会从最下面生长出来，然后慢慢由下往上爬，最终又爬到很高的位置。

所以，越是到了君子即将战胜小人的关键时刻，做决断越要慎之又慎。换句话说，越是容易做到的事情，越要小心；越是轻而易举的事情，越要慎重考虑。

不光诸葛亮是这样做的，中国很多经典著作中都曾经揭示过这个道理。我们读《水浒传》，都知道高俅是个大坏蛋。梁山好汉把高俅逮到之后，第一个想杀他的人就是林冲，因为林冲就是直接被高俅害的。但是，有人制止了他，这个人是宋江。宋江说，高俅很坏，但是不能杀，林冲非常不高兴。可是宋江宁可让林冲恨他，让大家感觉到他很软弱，还是坚持不能杀高俅，这就是夬卦。

五个君子对付一个小人，君子的力量这么大，而小人又落在自己的手里，为什么不可以把他干掉呢？因为若为了一时痛快，把高俅杀了，一定会引起朝中奸臣的恐惧，他们很可能集合全国的力量，把整个梁山泊消灭。

所以，当我们做重大决断的时候，一定要前前后后都考虑好。最好把工作的职责范围明确出来，否则一旦出事，就容易授人以口实。有时候，就算是为公，别人也会说是私心。做事之前，我们要把双方的立场，还有预期的目标、实际的效应都好好分析一下。如果大家都同心协力、有决心，后面会减少很多不必要的麻烦。

在这里，我还特别要提醒，任何事情，开始的时候慢一点，后面就省力得多。一开始就求快，后面会产生一大堆问题，得不偿失。所以我们看到夬卦五个阳要决一个阴，居然要大费周章，就是在启发我们，就算形势很好，也要十分慎重。

做事之前，要先布局、造势，决定之后，还要摆平，这才是真正会做决断的人。任何一件事情到底要不要做，刚开始的时候多听听大家的意见，好好研究研究，这叫作可行性分析。但是，我们往往太过一厢情愿，太过乐观，认为必然会怎么样，所以才导致后悔。本来一点小事情，最后反而演变成了大问题。

有些事情，要马上做，我们并不会表示不同的意见。但是，越是大事，越是急事，越要缓办。很多人不了解什么叫急事缓办。急事，就是急得要跳起来了；缓办，就是因为急事，所以才要缓办。夬卦的目的并不是消灭一个小人，而是维护正气，使其能够持续地压倒邪气。这就好像天上的水气，好不容易聚集起来变成云，变成雨水，要降到地面上来，就要得到一些比较好的效果。

急风暴雨没有用，太小的雨也没有用，持续的好雨才行，换句话说，做出决断，后面要有持续的好的效果出现才行，这就是夬卦告诉我们的道理。

现代社会急功近利的思想越来越严重，凡事都追求快节奏，然而，客观的经验告诉人们，通常越讲求快速就越达不到既定的目标，所谓"欲速则不达"就是这个道理。因此，"忍"的关键在于"不急"，凡事应按捺住一开始就求快的想法，首先选择判断正确的方向，而后才可以放心地去快，从这个角度来看，也就是说方向绝对比速度要重要，要优先。

不仅如此，越急的事情就越应该缓办，因为面对急事人们往往容易心浮气躁，急切地进行操作只会导致忙中出错。做任何事情一定有个过程，急是完全没有用的。

急事缓办也是一种难得的企业管理智慧。中国人常常是决策很慢，执行很快。中国人是边做边修改，西方人是定了以后谁也不能修改。西方人一个计划定下来，只能按照计划去执行。中国人计划归计划，执行的时候随时会调整。因此，西方人是很快地做决定，但是执行起来拖拖拉拉，因为这里面有很多困难，有很多变数。而中国人是做决策慢慢悠悠，执行很快。

一个聪明的领导者，今天开会大家都没有意见，他还是不会做决定的。因为今天晚上夜长梦多（时间一长，事情可能会发生不利的变化），可能还会变，所以他会说："到目前为止我们的看法一致，今天晚上回去再想一想，明天 10 点钟，我们再会一次面，最后决定。"

从今天下班到明天 10 点这漫长的十几个小时，这里边的变数，谁去管呢？为什么每个人没有想到这一点？比如，今天晚上工作分配好，你做什么，他做什么。可晚上有个人得了急症，第二天根本不能来，那怎么办？他就只能临时再找一个人，然后赶快去做。

人员会变动，原材料会变动，市场会变动，什么都在变动。你这么快做决定哪行呢？对中国人来讲，缓慢地做决策是合理的。这正体现了急事缓办的中国智慧。外国人说，急事都急得要崩溃了，哪还能缓办？

我们的阴阳学说很厉害。慢的事情、不急的事情要提前办，因为随时有急的事情插进来，这样你才有时间去应对；急的事情你要缓办，因为忙中有错，既然那么急就表示它还在变化，那你还在急什么呢？急事要缓办，不是拖拖拉拉，而是很稳重，考虑到所有的变数，然后再做决定。

做事谋始，才能心想事成

> 一个人的基本功要练好，如果基本功不扎实就去工作了，就会遇到很多难题。

《易经》的第六个卦叫"讼卦"，就是讲如何处理诉讼打官司的。但讼卦并不是教人如何打赢官司，而是告诫我们要尽量避免诉讼，或者中途撤讼。

孔子在讼卦的《大象传》中说："天与水违行，讼，君子以做事谋始。"这是孔圣人从天道运行的角度来揭示讼产生的原因，以及告诫君子如何在做事情的初始阶段，就把争讼的隐患降低到最小的程度。

首先说"天与水违行，讼"，从天象中的不和，引申到人事上的诉讼。讼卦展现的天象是上"天"下"水"，"天"指的是天上的日月星辰，"水"指的是大地上的长江黄河。古人直观自然，发现日月星辰等天体从东往西转，而大地上的长江黄河则从西往东滚滚流入大海，二者是反方向运行的，故称"天与水违行，讼"。但是，江河的川流不息和天道的周而复始，都有各自的规律，并不存在谁对谁错和道德高低。

对应到人事上，是指双方都有诚信，但由于性格秉性不和造成了误解和矛盾。孔子从天道自然运行的角度，来说明天地自然和人世间的争讼都是不可避免的。

君子看到这些，他就深深地感受到，我们应该"做事谋始"。意思是，既然万事万物都避免不了诉讼，那么不管做什么事，一定要在开始之前做好充分的准备。

一个人刚开始的时候，要想得长远一些。诸葛亮到江东后第二天，鲁肃才安排诸葛亮与江东谋臣见面。诸葛亮在隆中的时候，就把这些人当作个案研究过，因此对他们的情况一清二楚。但诸葛亮并没有显露出来，而是见谁都说久闻大名、久仰久仰。

从来不轻易把自己的真相显露出来，这是非常高明的。落座后，诸葛亮知道，自己再怎么跟他们讲都没有用，倒不如先听听他们怎么说，所以他并不先开口，而是从容不迫地拂拭着扇子，看哪一方会先沉不住气。

这是一般人做不到的，要想达到诸葛亮的这种境地，需要靠后天不断地修养。

在双方都不开口的情况下，张昭率先发难，说诸葛亮自比管仲、乐毅，但刘备未得他时还能割据城池，有了他后反不如当初，难道管仲、乐毅就是这样的吗？

可面对东吴群儒的诸葛亮，不但不谦虚，反而夸口自大，说新野兵马不到一千，却以火烧水淹抵挡了夏侯惇和曹仁的数万兵马，就是管仲、乐毅也未必能如此。

一向谦虚的诸葛亮，这时候怎么不谦虚了呢？因为他一个人要面对那么多人，而且这些人都对他不怀好意，如果他再谦虚，岂不要被众人看不起？

如果他一来就说请各位多多指教，说自己那边处境危险，请东吴相助一把，那大家就会一起把他轰出去："原来你是想求助于我们东吴，借助我们的力量去抵挡曹操，哪有这么便宜的事！"

在这种特殊情况下，诸葛亮不能用常态来表现。所以，他出其不意，用毫不谦虚的口吻，张口就让大家奇怪他怎么会这样说话。只有这样，群儒才会把诸葛亮当对手，诸葛亮的实力才能有机会表现出来。

一个人，只有人家把你当对手时，你才会产生抵抗的力量，否则所有人都不把你当对手，你就无从显示力道了。

因此，我们平常一定要谦虚客气，但在特殊情况下，就得当仁不让。而且，诸葛亮有备而来，对东吴所有人的情况都了如指掌。包括这个人是怎么来东吴的、后来表现如何、在孙权心目中分量如何、会讲什么话，他事先都有仔细的研究，因此胸有成竹，相信凭自己一张嘴，就能让那群文臣哑口无言。

果然，只要谁顶撞诸葛亮，想给他难堪，诸葛亮就马上指出那个人以前丢脸的事。

一个人的底细要是被别人摸清楚了，就会变得很没有底气，再加上句句击中要害，气势自然会降下来。之前那些东吴文臣气焰很足，想在气势上压倒诸葛亮，没想到被诸葛亮这么一还击，立马就无言以对了。

诸葛亮在辩论中曾说自己不治经典，这是什么道理？一阴一阳之谓道，这就是中国人最重要的易经思维。如果一个人很有钱，那他可能不会在乎骑一辆旧的自行车。但如果让一个没多少钱的人去骑旧的自行车，他可能怎样都不会骑，借也要借一辆汽车来开。

这就是内外虚实的呈现，里面一实一虚，外面就会有不同的表现。

同样，一个没怎么读过书的人最怕人家说他不读书，因此一定要装成很有学问的样子；而一个学问很充实的人，别人怎么笑他，他根本不在乎。

诸葛亮将经典研究得一清二楚，因此才敢说自己从来不治经典。那些文臣一天到晚读死书、治经典，只会背一些古人的词句，却根本做不到活学活用，而诸葛亮却能活用各路经典，这是他赢过东吴文臣的地方。

一个人的基本功要练好，如果基本功不扎实就去工作了，就会遇到很多难题。

如果诸葛亮第一次去江东就被群儒逼得一句话都说不出来，那他出山还有什么意义？如果他没有那个才气，也不能成就一番事业，还不如安心隐居山野。

诸葛亮在我们心中，是一个神机妙算、料事如神的人物。可他并非神仙，有天资聪颖的成分也不可否认，但主要还是靠他的谋略修养成就了自己，也才有了后面蜀汉的辉煌。

做任何工作都应该有充分的准备，甚至在一开始做的时候就要设想会遇见哪些问题，然后针对这些问题，想好解决方案与应对方法，这样才能临危不乱。

我们常说心想事成，其实这并不是简简单单的一句祝福语，而是说我们做一件事，发心要正，又精于用心，做到心中有数，有备而来，才更有胜算。

敢冒风险的人生有无限可能

🎐 人生要么是一次冒险，要么什么都不是。

我们都知道，做任何事情都要一步一步地进行，脚踏实地地去做。但是要想成功，只依靠单纯的"踏实"是远远不够的，还要有敢于冒险、不怕失败的精神。

如果你不敢去冒险，你就不敢尝试新鲜事物，更不敢尝试成功。虽然冒险会有失败的可能，但是最后成功的机会却远远超过那些只想逃避失败的人。就像两个荡秋千的人，一个为了欣赏高处的风景，敢于把自己荡得越来越高；而另一个虽然也希望欣赏高处的风景，却又怕摔下来，不敢冒险，自然也就无法欣赏高处的美景。因此，敢于承担风险的人不管输赢，都比不敢冒险的人更优秀。

敢于冒险就意味着不怕失败，同时也意味着机会。做别人所不敢做的事情，才能得到别人所得不到的收获；故步自封，只能流于平庸、空自嗟叹。所以，如果你想成功，就需要有一点"明知山有虎，偏向虎山行"的冒险精神。

诸葛亮的"草船借箭"流传千古，正源于他敢于冒险的精神。

虽然孙刘大军联合起来一致对曹，但是背地里，周瑜嫉妒诸葛亮，一心想要将他置于死地。当时，周瑜和黄盖串通起来，实施了反间计，迷惑了曹操，让曹操杀了蔡瑁、张允。对此，周瑜异常高兴，他觉得一般人看不透此计，唯独对能否瞒过诸葛亮没有把握，于是就让鲁肃去试探一下，看看诸葛亮的反应。

周瑜对诸葛亮的态度很复杂，他一方面很欣赏诸葛亮，另一方面又很害怕诸葛亮太厉害而成为东吴发展的障碍。因此，当他的反间计成功之后，他迫切地想知道诸葛亮是否能识破此计。

鲁肃依令去见诸葛亮，结果诸葛亮一见到他就向他贺喜。鲁肃大惊失色，问有何喜可贺。诸葛亮坦白地说，周瑜的计策只能瞒过蒋干，曹操虽被瞒过一时，但迟早也会醒悟过来。言外之意就是，"他的计策怎么瞒得过我呢"。诸葛亮之所以这么说，就是想让周瑜知道，彼此之间只有真心合作，才能产生最大的凝聚力，如此互相猜忌，恐怕很难成就大事。可周瑜并不这样认为，他发现自己的计策完全瞒不过诸葛亮，就好像光着身子站在诸葛亮面前一样，毫无隐私。

人总是要有一些隐私的，谁也不希望自己完全被别人猜透。现在周瑜的一切都在诸葛亮的掌控之中，难怪周瑜会浑身不自在，想要尽快除掉诸葛亮了。

在诸葛亮看来，高明的统帅一定要游刃自如。做一件事情，如果刚开始很辛苦，等慢慢摸到了门道，就感觉越来越轻松，也就说明是人对行了。相反，如果已经尽了力却还是感觉很吃力，那就表明你走错路了。

周瑜虽然很高明，但需要调整一下自己的观念，否则这样猜来猜去，只会把自己逼向绝路。因为他的方向从根本上来说就是错的，他天天想的是如何跟诸葛亮斗智斗勇。但周瑜如此执迷不悟，诸葛亮也没有办法，最后会是个什么结果，相信大家一定预料得到，戏台上也常演不衰，那就是诸葛亮三气周瑜，最后把周瑜给活活气死了。

如果诸葛亮一开始装糊涂，不说穿真相，不仅会误导周瑜，也会害死鲁肃。因为周瑜会怀疑诸葛亮是否真的高明，如果连此计都看不懂的话，那他以前的那些事肯定是误打误撞，碰巧蒙对的，而非真才实学。两个人要合作而彼此不了解，紧要关头就很难充分配合。而鲁肃也会觉得莫名其妙，难道诸葛亮真的只是运气好吗？

诸葛亮每次都很有把握，每次都可以算得准，这是科学的推理，而非神通。科学与神通的区别就在于，科学可以屡试屡验，而神通有时候很准，有时候又不准，不足为信。

周瑜心中十分愤懑，发誓要找个正当的理由除掉诸葛亮，便假意请诸葛亮前来议事。周瑜和诸葛亮谈到两军交战，一致认为在江上交战，武器以弓箭为先。但周瑜说现在军中正缺箭，因此劳烦诸葛亮监造 10 万支箭，以作应敌之用，并说这是公事，还望诸葛亮切勿推辞。诸葛亮爽快地答应了，问周瑜何时要用。周瑜说，10 日之内可否完成？他之所以没有下死命令让诸葛亮 10 日之内完成，是因为不想让人觉得他是有意为难诸葛亮，传出去不好听。

但他这样一问，如果诸葛亮讨价还价想拖延时间，就显得诸葛亮能力不够；如果诸葛亮直接答应下来，那就正中了周瑜之计，因为这是相当苛刻的任务。

周瑜设下这个圈套，等着诸葛亮来钻，就是想既不让别人说闲话，又能除掉诸葛亮。但诸葛亮洞若观火，他故意掉入周瑜的陷阱，反倒主动缩短时间，说三天就好了。周瑜一听，当然喜不自禁："三天造 10 万支箭！这是你自己定的任务，可别怪我！"所以周瑜趁热打铁，说军中无戏言，于是诸葛亮依周瑜之意立下了军令状。如此一来，只要诸葛亮三天后交不出 10 万支箭，周瑜就可以名正言顺地杀他了。

周瑜这样一步步紧逼，是因为他有自己的企图，但诸葛亮既然敢立下这样的军令状，自然也有自己的盘算，这一点是出乎周瑜意料的。

鲁肃见诸葛亮说三天之内要打造出 10 万支箭，心想这个任务怎么可能完成呢？因此他赶紧劝诸葛亮三思而行。但周瑜听了很不高兴，心想自己好不容易让诸葛亮掉入圈套，三天之后就可以名正言顺地杀他了，鲁肃怎么能提醒诸葛亮呢？于是赶忙加以制止。

诸葛亮看到周瑜制止鲁肃劝他，自然心知肚明周瑜在打什么算盘。但他对自己很有信心，"没有金刚钻，不揽瓷器活"，他是有本事才敢接下这个任务的，现在之所以故意制造一些紧张气氛，是为了将来彼此更加了解。因为他很清楚，现在大敌当前，双方一定要紧密合作，以后两国也是一样，和则两利，分则两伤。

其实，这样做确实很冒险，但做任何大事，都免不了要冒一定的风险。如果一个人完全不冒风险，那是永远成就不了大事的。

诸葛亮就算对自己再有把握，也要看天意。这里的天意并不是指迷信，而是自然界的无常变化，这是人力控制不了的。人虽有思想性与自主性，但同样也有局限性。大自然变化无穷，连气象台都测不准天气，人怎么能精准地预测呢？

可见，诸葛亮是冒着巨大的风险接下这个任务的，但此险又非冒不可。而且在他来看，这样的冒险是值得的，他对自己很有把握。

约定的第三天，诸葛亮请鲁肃到船上一同取箭。这一天，大雾弥漫，诸葛亮镇定自若地在船上弹曲，鲁肃却心慌意乱，坐立不安。

一件事情的成功需要三个因素：天时、地利、人和。要想成功地实施草船借箭，天时和地利的因素已经具备了：当天有大雾，曹军大多不识水性，又看不清来者有多少敌兵，因此断不敢轻易出战，只会用箭来驱赶，这就是天时。要是换做能见度很高的晴天，相信他们会派出战船作战，那样诸葛亮的计划就落空了。吴军擅长水战，不畏惧长江之险，这就是地利。只是周瑜目光短浅，总是想将诸葛亮置于死地，以致缺少人和这个因素。

诸葛亮利用自己与周瑜的矛盾，获得了鲁肃的全力支持，从而在人不和的情况下尽力创造出人和，这也是诸葛亮最了不起的地方。否则鲁肃肯定不会完全听诸葛亮的话，他也很难对部属有所交代——部属会奇怪，诸葛亮要造箭，可准备草人、船只这些不相干的东西是为什么呢？

具备了天时、地利、人和的有利要素，在我们看来相当危险的事情，对诸葛亮而言就不过是一次小小的冒险而已。他对这次冒险有足够的把握，就去做了。最后事实证明他所有的预测都是正确的，这是因为他有足够的天文地理知识，并且能够活学活用而已。

夜里，诸葛亮借大雾虚张声势。此时，曹操被诸葛亮蒙骗，误以为前方有大批东吴水军前来进攻。曹操听说敌人来势汹汹，天气又这么恶劣，而自己的军队又不识水性，唯一安全一点儿的办法就是乱箭退敌——不管敌军战船在哪里，有多少只，用箭拼命射就好了。等敌军被射到无法前进的时候，自然就会撤退了。曹操对自己这个决定相当满意，他心想："你们这些人老想算计我，以为我无法应付，现在我就让你们见识我的厉害。"但曹操却不知道这当中有很多的未知数。

诸葛亮只管在船内饮酒，静观其变，而鲁肃却紧张地担忧曹军会出兵攻击。我们可以把人分为两种，一种叫计划内之人，另一种叫计划外之人。鲁肃是计划外之人，而诸葛亮则是拟定并执行计划之人，因此他对一切了如指掌，就算一天到晚轻松地饮酒，该做的工作也能正常进行。他对鲁肃说，战争用不着统帅亲自上阵，现在他们应该做的事情就是饮酒，从而让军士们感到轻松自信。

可鲁肃作为计划外之人，对整个事情不甚清楚，也搞不清诸葛亮到底唱的哪出戏，他甚至还可能认为诸葛亮走投无路了要投降曹操，想拉上他垫背，所以两个人的表现不一样，也是非常正常的。

曹操熟读兵书，而且还曾著书评点过《孙子兵法》，可见他是很自信的。现在他对自己的决策很满意，自以为很高明，又觉得射箭的范围应该拓得更宽，才能把对方吓退，于是下令加派人手在岸上射箭。只要对方的战船一退，所有人都会赞叹他决策的高明。但他万万没有想到，对方的船上并没有多少人，而且外面堆满了草垛，等的就是他万箭齐发。诸葛亮令船上士兵齐声高呼"谢曹丞相赠箭"，曹军将领发现中计后，连忙下令停止射箭。

我们一路看来，可以发现诸葛亮的作风一向很透明——"我所做的事情，都要让你们知道，无须任何遮掩，因为你们要做的事情我能够看得一清二楚"。只有具备真功夫的人才敢这样做。

诸葛亮希望鲁肃了解他，也希望周瑜明白他的作风，甚至希望曹操也能对他有所了解，所以他没有偷偷返回，而是命令军士齐声高喊"谢曹丞相赠箭"。一方面诸葛亮感谢曹操的配合，虽然曹操是中了他的计才这样做的；另一方面这样能让所有人知道，曹操虽然人数众多，不仅没打胜仗，反而白白送了他这么多支箭，从而给曹操一个沉重的打击，这也算是一种心理战。

在草船借箭的过程中，诸葛亮充分利用各种有利的资源，以最少的投入，获得了最大的回报，值得我们敬佩和学习。

曹操发现真相后有苦难言，就算认错也没有丝毫作用。因此，他只能硬着头皮面对当前的这种困境，苦思其中的突破点，这是很无奈的事情。一个人做事之前，千万不要一厢情愿地觉得自己有优势、有胜算。有时候要想想自己，也要想想对手，这样才比较安全。

周瑜得知诸葛亮借箭的经过，感慨诸葛亮神机妙算，并自叹不如。其实，诸葛亮借箭，用现代话来说，就是把工作外包，请同行分担，加起来数量便很多罢了。

诸葛亮对天文地理都有很深的造诣，他知道不日之内必有浓雾。中国是一个自古以来就非常关注天文的国家，《周易》写道："仰以观天文，俯以察地理。"这说明在很久以前，中国人就已经开始研究天文了。我们了解了天文，就能推算出天气状况，因此以前畅销的"书"并不是各种排行榜上的书，而是一本几乎家家必备的老皇历。老皇历自古流传下来，告诉我们哪天白天最短、晚上最长，哪天天气变化最激烈……这些都是我们的祖先长期观察得出的结论，有一定的科学性。

同时，曹操人生地不熟，又不熟悉水性，不敢在浓雾中出战。如果以船只逼近，伪装进攻，曹操必定箭如雨发，不敢停息。于是不用费力，便能够借得十万之箭。但是这样一来，周瑜必然更加气愤，也更为嫉妒，很可能不择手段，非置诸葛亮于死地不可。

诸葛亮并不是故意卖弄才华，使自己陷入更危险的境地，只是周瑜这样的人，不能让他看不起，否则无法合作，所以才不得不承担风险，采取如此激进的措施来换取共同的利益。应该做的，绝对不推辞；不应该做的，再有利也不能做，这才是做人的基本素质。

因此，工作有很多人会做，不一定样样要亲自去做。外包给别人做，并不代表自己偷懒，而是分散风险，由大家共同承担。诸葛亮借箭，说明一个问题可以有好几种解决方案。自己做 10 万支箭，费时费力又费神，不如向有箭的人借，一下子就凑齐了。问题是，怎么借？向谁借？什么时候借？有没有借到？这些才是我们要学习的。

发挥大智大慧，勿做曲知之人

⚪ 大智指"具有解决决策问题的知识"，而大慧则指"能够聪敏地看清事实的真相以及相关的德行"。两者合在一起，成为我们常说的"道"。

领导者的素质，主要在于大智大慧。

大智指"具有解决决策问题的知识"，而大慧则指"能够聪敏地看清事实的真相以及相关的德行"。两者合在一起，成为我们常说的"道"。

荀子在《天论篇》中明白指出："万物为道一偏，一物为万物一偏，愚者为一物一偏，而自以为知道，无知也。"其意为万物者都不过是道的一偏，一物更是万物的一偏。而愚者所见，又是一物的一偏，这时候如果认为自己是知道的，那就是一无所知了。道是大智，应该把所有事物合在一起看，合在一起想。

诸葛亮就是一个有大智大慧的人。

赤壁之战，对刘备来说十分重要。倘若孙权降曹，刘备很快就会被曹操消灭。可就算孙刘联合起来，要战胜曹操，又谈何容易？因此诸葛亮不得不竭尽所能，务求联吴成功。赤壁胜曹奠定了刘备之后发展的基础。

实际上，当时的刘备由于关羽斩颜良，不得不向袁绍献计南连刘表，借故离开袁绍，赶忙投靠荆州。刘表对刘备，表面上很客气，还说要把荆州让给刘备，内心却十分猜疑，对刘备很不放心。曹操听说刘备屯兵新野，便出师南征。这时候刘表已死，次子刘琮继位，索性归顺了曹操。刘备且战且退，兵微将寡，情况已经是十分危急。可以说生死存亡，就在赤壁这一战。

果然不出诸葛亮所料，曹操一再上当，百万雄兵顷刻之间化为灰烬。刘备趁机占领武陵、长沙、零陵、桂阳等地，总算有了一些地盘，勉强称得上鼎足而立，三分天下。但是，刘备和曹操、孙权相比，仍然是最为弱小的一方。就算如此，毕竟顺利地完成了隆中对的第一步。这对刘备来说，可以说是有生以来首次站稳脚跟。

我们常说人有旦夕祸福，刘备这次喜出望外，更能充分体会这种感觉。不过事在人为，如果不是诸葛亮竭尽心力，岂能有这样的成果？以人为本的中华文化可贵之处即在于有人才有事。

如果说官渡之战，曹操以寡胜众，气势大增，那么赤壁之战，刘备同样以寡胜众，大增气势。赤壁之战比官渡之战的作用更加重大，从此天下三分。作为一个领导者，在做决策之前，一定要广泛地搜集意见，一旦决策既定，就要果断坚决，勇往直前。虽然可以边做边调整，但方向应是不能变的，目标要坚定，只是包容各种变数，随着需要而变，绝非犹豫不定，踌躇不决。

领导者必须有大智大慧，才能在现代的环境中，找出合乎自己要求的管理大道。缺乏这两者，再明确、再具体的管理制度和方法都会被用得凌乱而模糊。有大智大慧，再虚的近乎空洞的管理大"道"，也会看得透彻，自成明显的系统。

可惜像老子、墨子、宋子这些已经十分了不起的人，有时候也会陷入一偏之见中。荀子说："慎子有见于后，无见于先；老子有见于拙，无见于信；墨子有见于齐，无见于畸；宋子有见于少，无见于多。"

慎子即慎到，主张随后而不必争先，因为他只看到后的一面，却没有看见先的一面；老子提倡守柔，不敢为天下先，只看到屈的一面，忽略了伸的一面；墨子兼爱，没有尊卑的差别，显然只看到齐的一面，没有注意到畸而不齐的一面；宋子即宋铒，只见到欲少的一面，忽视欲多的一面。荀子批评有后无先，则群众无门路可循；有屈无伸，则贵贱无所分别；有齐无畸，则政令无从施行；有少无多，则群众无由成化。

这些都是自以为是而不知晓更有大道的存在。他在《解蔽篇》中提出，"夫道者，体常而尽变，一隅不足以举之"，认为道虽有体有常，却其变难尽，这些一面之见，不过代表道的一偏、一隅，不足以涵盖道的整体；持有一偏之见，便成为曲知之人。

曲知之人，其智慧有所偏重，往往只知其一，不知其二，在今天称之为所谓的"专家"。"专家"决策，依荀子的见解，内以乱于己，外以欺于人，造成上以蔽下、下以蔽上的蔽塞之祸，实在危险万分。领导若是仅仅站在"我的专业判断"上来做决策，恐怕祸患无穷。

自古以来，有大将的职位，却缺乏大将之才的，必定死于非命；有大将的才能，却得不到大将职位的，才能不可能得到发挥。领导者应该珍惜既有的职位，好好发挥自己的大智大慧，时时以无知来启发大家的有知，以无能来激发大家的有能，以无才来展现大才，使所有决策都能集众人之智，面面俱到而无所偏颇。依据这样的决策制订出来的计划，自然可行而有效。

无为才能无不为

🌀 一个人到底是圣贤还是凡人，关键在一个字——"无"，"无"的程度高，他就是圣贤；"无"的程度低，他就是凡人。

我们下象棋，有的人善用车，有的人善用马和炮，有的人专门用卒。车、马、炮都有可能很厉害，也随时有可能遇害。但是，从来没有人说他的老将最厉害。老将最不厉害，却总是挨到最后还是没有被吃掉。这些厉害的车、马、炮，都为最不厉害的老将而牺牲，到底谁厉害？当然是老将最厉害。

将、帅深藏不露，实行"不管之管"，车、马、炮、卒才能够在将、帅的高度支持下，放手去做自己分内的事。将、帅发挥总动员的作用，这才是有效的领导。如果老将喜欢表现，处处都要显示自己最厉害，那么，车、马、炮、卒便站在那里听命令，然后一个口令一个动作，弄得老将疲惫不堪，可能因此而筋疲力尽。作为中层干部也是，如果你事事亲力亲为，只会累倒自己，下属既得不到成长，也不会因为你替他干活而感谢你。

象棋给我们的启示，便是领导不表现英雄性，下属才会表现出各自的英雄性。领导的英雄性，很容易造成一个人表演的可怕局面；领导不露英雄性，才有总动员的可能。

如果把一个组织大略分成三个阶层。象棋的将、帅，可以代表高层领导，车、马、炮、相为中层干部，而兵、卒则代表基层员工。三个阶层各有不同特性，必须互相配合，才能各自发挥所长而产生总动员的效应。

孔子讲无为，老子讲无为，为什么他们两大圣人都叫我们要无为？因为作为领导，你做了以后，你的干部就不敢做了；你说了以后，你的干部就不方便说了。

诸葛亮的无为体现在哪里？

人终究免不了一死，因此，每个人年老的时候，大可不必惊慌，因为没有人能够把所有的事情办完再走。不如效仿英国前首相丘吉尔的潇洒态度——酒店打烊，我就走！来去清白，何必挂虑？但是，对事业和组织而言，则不能说走就走，撒手不管。因为群龙无首势必会引起各种纷争，造成很大的混乱与危机。不论是一个国家还是一个企业都绝对不能出现群龙无首的局面，只要出现了这种局面，势必会引起各种矛盾，造成很大的混乱与危机，所以接班人的妥善安排十分必要。将育才制度化，让继任者承接得宜，才能保证组织的长远发展。

诸葛亮清楚地认识到了这一点，作为蜀汉的一位领导者，他有责任培育继任者，让事业得以生生不息，不至于因为他的去世而导致蜀汉的衰亡。

祁山在现在甘肃礼县东、西汉水的北侧，位于诸葛亮北伐的主要进军路线上，山上有十分坚固的城池，为兵家必争之地。诸葛亮对魏延一开始就没有好感，要不是刘备劝阻，早就砍了他的头。后来刘备一再提拔魏延，并让他随同入川。魏延东征时已封为镇北将军，甚得刘备信任。这次追随诸葛亮北伐，他向诸葛亮建议取道子午谷，攀援秦岭，然后直扑长安。诸葛亮却认为这并非万全之计，不予采纳。魏延怏怏不乐，幸亏赵云以半百高龄，连斩曹军五将。关兴、张苞建有奇功，魏延趁机骗取安定城。蜀军士气大振，打算攻取天水。

中郎将姜维向天水太守马遵献策，起兵出城，只留文官守城，待赵云来攻打时，才内外夹攻。此计果然奏效，赵云首尾不能相顾，只好冲开一条路，引败兵奔走。姜维追来，幸好张翼、高翔赶来救援，赵云才得以逃回大寨，向诸葛亮说中了敌人之计。又说姜维年纪轻轻，功夫了得。当地人告诉诸葛亮："姜维字伯约，天水人，事母至孝，文武双全，智勇兼备，真当世之英杰也。"

《三国演义》我们看到现在，应该很清楚一句话，叫作一方水土养一方人，每个地方都会培养出一些人才，人才不会集中在某个地方。南中的孟获是个人才，西北的姜维也是人才，到处都有人才。所以诸葛亮经常说，不要小看当地的人，当地人会有意想不到的表现，现在姜维就是这样，虽然地处偏僻，却年纪轻轻就有大将之风。因此，我们到一个新地方，千万不要自大，一定要尊重当地人，入乡随俗，先了解适应，然后再提意见，这样会比较实际。

一个人不要怕别人不了解你，不赏识你，而是要不断地充实自己，直到有一天伯乐来了，一眼就看出你是个人才。我们常讲，千里马常有，而伯乐不常有。现在，姜维就是一匹千里马，需要有伯乐来慧眼识英才。

赵云就是一个伯乐，他见多识广，除了会打仗，还会识人，一交手就知道对方的高下。韩德的四个儿子一出手，赵云就知道不过如此，很快就将他们斩于马下。但是碰到姜维，赵云觉得这个年轻人了不起，此地会有这样的人才，真是出乎意料，因此回去后就告诉诸葛亮，姜维不简单，对他要另眼看待。

诸葛亮感叹遍访贤士，尚未遇见姜维这样文武兼备的人物，他又在计划什么？诸葛亮因为太操劳，年纪虽不大，但体力已衰弱，日渐力不从心。在这种情况下，任何人都会注意寻找传人，授予自己生平所学，以期完成自己未竟的事业。因此，当诸葛亮听说有姜维这等人物时，感觉很好奇，姜维的事迹听得越多，就越觉得这是他要找的人。

我们常说年少时要慎选师父。年轻人如果跟错了师父，学五年就等于浪费五年，而且后患无穷，现在的人随便拜师，其实是不合适的。但同时，年老时也要慎选徒弟。纵观历史，很多师父把徒弟教得很好，但总会留一手，这就很糟糕，如果每个师父都留一手，技艺就会一代不如一代。诸葛亮走的是正道，并不想留一手，但他也深知随便收徒非常危险，因此一直以身作则，非常重视这件事情，非常谨慎地选徒，现在他选中了一个人，那就是姜维。

诸葛亮听说姜维事母至孝，这成为他思索的重点。当年徐庶跟刘备在一起的时候，曹操得知徐庶很孝顺母亲，就把徐母当作人质，骗徐庶过来。现在，诸葛亮听说姜维很孝顺，也想在姜维母亲身上动脑筋。

这一点，诸葛亮跟曹操在形式上可能是一样的，但动机和结果截然相反。从动机上看，诸葛亮诚挚地邀姜维过来帮忙；曹操则不管徐庶跟自己立场是否相同，不管徐庶愿意与否，都要强迫他过来。从结果上看，姜维会得到重用，人尽其才；而徐庶在刘备那边不能够发挥才干，只是迫于无奈才依从曹操，他在曹操身边简直是受罪，曹操也并不在乎。

所以，我们看事情要重视动机和结果，如果只看到形式，就说诸葛亮跟曹操一样，那是不合理的。

得知姜维之母住在冀县，诸葛亮派魏延前去攻打。别的地方被攻陷，姜维都会指挥若定，颇有大将之风，可是一听说冀县被打，他就特别敏感。冀县并非军事要地，但是他的母亲居住在那里，现在听说诸葛亮派兵攻打，他想到自己的母亲处境危险，非常慌张。这也证明，姜维确实很孝顺。

姜维带兵前往冀县，在城外与魏延交战，魏延依诸葛亮之计诈败而逃。魏延那么轻松地将姜维骗入冀县，姜维为什么不会怀疑？可见对于一个侍母至孝的人，得知母亲有难时，必定第一时间前去搭救，往往不会先冷静地分辨真伪，以防受骗。现在姜维心中别无他念，只想救母，所以轻易地就上当了。

诸葛亮叫夏侯楙帮忙招降姜维，夏侯楙只想保命，根本无暇顾及其他，所以满口答应，而自己却对来龙去脉一无所知，这就是天命。如果夏侯楙有点儿智慧的话，一定会想："姜维有这么重要吗？是我重要还是他重要？为什么让我去招降他？是不是他将来会怎么样？"可夏侯楙根本没有去想，就是那只看不见的手使他这么糊涂。

做事靠能力，成事靠本事

可见，人是很有意思的，时而聪明时而糊涂，我们要做的，就是找出一个脉络，知道什么时候该聪明，什么时候该糊涂。

我们常说"旁观者清，当局者迷"，此话不假，我们作为旁观者时，对错是非、前因后果都一清二楚，好像我们很高明。可是一旦身处其境，我们就不辨真伪、稀里糊涂了，这都是因为人有私心。夏侯楙现在就有私心，他不管姜维怎么样，也不管魏军怎么样，只求保住性命，所以就很糊涂，容易上当。

夏侯楙投降其实也是假的，只要有机会，他一定会逃回魏国，因为他在魏国有地位，在蜀国不过是个降将。这一点诸葛亮很清楚，诸葛亮就是利用夏侯楙的这种心理，来玩一场游戏。

夏侯楙在去冀县的路上，碰到一群自称来自冀县的老百姓，说姜维已经投降诸葛亮了。夏侯楙有些疑惑，果真如此的话，诸葛亮为什么还叫他去招降姜维呢？再找其他老百姓问，都是这么说，又见这些百姓的衣着打扮都是冀县的，夏侯楙就深信不疑了，丝毫没有意识到这是诸葛亮设计骗他。兵荒马乱中，一般人都容易被片面的资讯所蒙蔽。

如果夏侯楙有点儿警觉性，叫探子去探明真假，再想想原因，就不会上当了。可是他没有，可见他脑袋空空。夏侯楙一到天水就大骂诸葛村夫，又说姜维已经投降，这样一来，就把姜维推上了绝路。这正是诸葛亮要夏侯楙做的。

如果以职位衡量，夏侯楙是都督，姜维不过是将领，夏侯楙分量要重一点儿。好不容易抓到都督，为了一个姜维就将其轻易放掉，合算吗？这得看怎么算，如果按照目前的状况，当然不合算；可如果往长远看，将来姜维为蜀国做出的贡献，显然是夏侯楙不能比的。

所以，我们看事情不能光看眼前，一定要看长远。可惜现在有些人多半以眼前利益为重，没有想到未来。当然，要具备这种眼光是需要历练的。诸葛亮很清楚，抓夏侯楙易，收服姜维难，而姜维人才难得，无论如何要收过来好好教导，所以诸葛亮这次特别用心，将擒孟获时总结出的一套以柔克刚的方法用在姜维身上，效果显著。

见蜀军正在运粮，姜维前去拦截，途中却中了蜀军埋伏。老实讲，即使诸葛亮这么高明，偶尔也会中计。思维再缜密的人也难免有疏失，不可能百分之百地命中。姜维此时方寸已乱，无法像平常那么镇静，因此也会犯错，会中诸葛亮的计。何况，姜维遇到的是比他更高明的诸葛亮，所以姜维上当是合情合理的。

如果姜维比诸葛亮还高明，他可能早就出头了，早就取司马懿而代之了。所以，人外有人，天外有天，这个道理始终是存在的。

当姜维返回冀县时，发现城池已经被魏延占领，只得改走天水。姜维到了天水，以为回到家了，高喊"快开城门"，但城上却乱箭齐下。因为夏侯楙到天水后告诉太守马遵，说姜维已降诸葛亮，所以大家都视姜维为敌人，当然不会放他进城，甚至放箭想把他射死。这也是诸葛亮设计所要达到的一种结果。

正当姜维四面受困、走投无路时，他的母亲却突然出现了。姜维的母亲就算有天大的本事，也不可能以一个妇道人家现身于乱军当中。这绝非偶然，而是诸葛亮的安排，是要在非常安全的保障之下，让他们母子相见。诸葛亮老早就跟姜母沟通好了，他告诉姜母："你的儿子是个了不起的人物，我非常赏识他。他在曹魏的领导之下，终究没有好日子过，就算官升得再大，也没有什么意义。如果他能够归顺我们蜀国，可北定中原，重振汉室。"

姜母对这些也早有所闻，所以当她看到诸葛亮的时候很高兴，说姜维应该跟诸葛亮才对，现在诸葛亮肯收留姜维，作为母亲，她非常感谢。相比之下，曹操跟徐庶母亲的互动过程就完全不同。

姜维的母亲说姜维好糊涂，这话听起来似乎很熟悉。当年徐庶回到许都去见母亲，徐母第一句话就说："儿啊，你好糊涂！"天底下母亲的心情是相同的，在母亲的心目当中，儿子再大也还是孩子，如果做错了事情，必然是犯了糊涂。

现在姜母一见姜维就说："你好糊涂，有这么好的机会，居然还执迷不悟，还在打什么呢？赶快过来拜见诸葛丞相。"姜维想了想，前有诸葛亮，后有关兴，根本没有退路，只好投降。诸葛亮慌忙下车而迎，拉着姜维的手说："吾自出茅庐以来，遍求贤者，欲传授平生之学，恨未得其人。今天遇到你，吾愿足矣！"

少年慎择师，老年慎择徒。诸葛亮说的是真心话。姜维大喜拜谢，共商取天水、上邦的计策。于是天水、上邦、冀县三地悉归蜀汉。远近州郡，也都望风归降。诸葛亮整顿军马，尽提汉中之兵，前出祁山。这一次北伐，获得姜维这一员大将，确实是最大的收获。诸葛亮自知年纪逐渐变大，急需培养接班人，得到姜维，当然是"吾愿足矣"。

一个人到底是圣贤还是凡人，关键在一个字——"无"，"无"的程度高，他就是圣贤；"无"的程度低，他就是凡人。一辈子老在"有"这个层次打转的人，其实很可怜，就是我们所讲的"想不开"。非要抓住权力不放的领导，身心疲惫。你认为"有"就有，你认为"没有"就没有？员工尊重你，你没有也等于"有"；员工不尊重你，你"有"还是等于没有。其实"有"和"没有"，是如影随形的，是永远并存的，不可能割裂的。

　　一个领导在创业初期，确实应该亲力亲为，带领大家一起奋斗。但当企业走上正轨后，领导就要逐渐放手，将权力移交给下属。这就像教小孩子走路一样，当一个小孩儿蹒跚学步时，你扶着他，他才敢走路；如果你一开始就撒手不管，小孩儿就会摔倒，以后他就不敢走了。等他渐渐走得稳了，就要放开手，让他自己去尝试，如果此时你还不放心，还要扶着他，那他一辈子都不会走。

　　管理员工也是同样的道理。一开始，领导要带着员工，教会他们怎样做事，否则是不负责任，领导的责任是保证员工能够完成工作。员工成长到什么程度，你就放手到什么程度，这个"度"要自己去拿捏。

　　"无为"是什么事都不做吗？当然不是，如果什么事都不做的话，那就不叫无为，那叫偷懒！所以在国际研讨会上面，外国人理直气壮地问我："不是什么都不做就叫无为嘛？"乱说，如果无为可以把事情做好，那大家都躺在床上就好了，这根本不叫无为。中国人讲无为后面还有三个字——无不为，意思就是说无为要能够收到无不为的功效才叫无为！

"无"不是什么都不做，而是做到合理的程度。很多领导都是从"有"开始的，所以舍不得放权，或是担心员工做不好，这样一生占有权力就会很辛苦。刚开始，领导要样样做给员工看，因为领导有经验，知道该如何做。等把所会的知识都传授给员工后，领导就要逐渐放手，让员工自己去尝试。

同时，领导也需要抓紧时间充实自己，员工成长了，领导也需要成长。当领导发现员工不太相信自己，或者总是对自己布置的任务提出很多意见、推三阻四，甚至玩花样的时候，就应该明白问题出在自己身上，就要从自身找原因。老是责怪别人的人是不可能成长的，而随时检讨的人才会不断地提高。

其实，人生就是从"有"到"无"的过程，人一生下来就开始"有"，到死亡以后就变成"无"。领导者要体会到这一点，从"有"慢慢修炼到"无"。在"有"的时候，你会不断成长，越来越好；当你渐渐地腿没有力气，眼睛模糊，牙齿松动，头发掉落，就应该进入"无"的境界。如果这时候你还要继续奋斗的话，就会有损健康。

领导应该做无形的工作。领导做的都是伤脑筋的工作，伤脑筋谁看得到？但是伤脑筋是有作用的，想想这个人为什么不高兴，怎么抚慰一下；想想那个人是不是太嚣张，怎么牵制一下。这些都是无形无迹的，写工作报告都写不出来。

我们常说领导者应该以身作则，指的是行为态度以身作则，而不是做事情以身作则。我敢说你当老板，你的技术不如你的工人；我敢说你对产品的作业程序，你了解的还不如你的干部，这才是正确的。如果你说"没有没有，我们公司相反，所有事情我最清楚"，那就表示你手下的人能力一塌糊涂。

事情有大有小，小事情基层就完成了，根本用不着干部。基层一定要有为，因为他还不懂什么叫无为，无为是要学习的。

无为是想办法让别人去做，才叫无为。但是因为你想办法是表面看不出来的工作，所以叫无为，你真正去做就叫有为。作为领导，如果你多问问题，你就是无为，你本来是给答案的，你现在变成问问题的，就从有为改变成无为了。

凡是成功的人，都很少说话。作为老板，他一说话，所有人就都要按照他的话去做；老板不说话，所有的人都说话，老板就有很多的选择性，对自己非常有利。

同理，作为干部，如果你是一个经常做指示的人，就限定了自己的下属，使他不太会动脑筋。一个很有主见、很果断、随时有主意的人，他的下属经常脑袋空空：第一，他们想了也没有用；第二，他们说的跟领导不一样时会挨骂。最后，他们不再想也不再说，干脆让出整个舞台，让领导一个人去表演——唱独角戏。

如果一家公司的人才慢慢地外流，就等于得了经营上的"癌症"。所以，老板要让下属们表现，而不是自我表现。同理，中层干部也要让员工表现。

老子最高的智慧是四个字——深藏不露。有的老板问我，如果要深藏不露，那有能力同没有能力不就一样了吗？此言差矣，没有能力，谈不上深藏不露，因为没有什么好藏的；有判断力、有选择力、有声望，才有资格深藏不露。

深藏不露的意思是在该露的时候才露，这个注解非常重要。应该露的时候你不露，人家就看不起你；不应该露的时候乱露，人家就会看你笑话。

（伍）

善识人用人，才能成就大事

用人之道，贵在识人

⚡ 要想把事业做大、做强、做久，做得有价值，你就必须要先打造一个核心团队才行。

无论是创业者，还是大公司的老板，都需要有很全面的能力，其中很重要的一个才能，就是识人用人。

因为现在这个时代是高速发展的时代，局势变幻莫测，关系错综复杂；突发事件越来越多，市场弹性越来越大；人越来越难管，事越来越难干，钱越来越难赚。这是摆在每个公司老总眼前的事实。而且，各种各样的棘手的难题随时都可能发生，让你应接不暇。在这种情势下，一个人打天下，几乎是不可能的。一个篱笆三个桩，一个好汉三个帮。就算你浑身是铁，能打几颗钉？这是古人早就总结出来的道理。

因此，我们一直强调，要想把事业做大、做强、做久，做得有价值，你必须要先打造一个核心团队才行。退一步来说，作为一个领导，至少要有两个得力的帮手，那就叫作左膀右臂。推而广之，再去打造一个核心团队。

但是，找到一个志同道合又可靠的帮手，真的是不容易，需要长时间的考验和培养。因此我们才说，一个领导，最了不起的不是你做多大事业、赚多少钱，而是培养出三五个可以百分之百信任的人！

无论将来如何，都要从观人、识人开始。我们常讲，一个人领导有方，会说他"知人善任"，可见识人用人的重要性有多大。那么，当领导的该如何在这方面有所建树呢？

在识人方面，诸葛亮有自己独特的秘诀。他认为，认识人的本性并不难，完全可以通过七个方面而知其全貌，且屡试不爽，百发百中。

一是问之以是非而观其志。

用是非之事来询问他，从而观察他的心智。拿大是大非的事情来问他，看他在大事上是否善恶分明、好坏分明。凡是是非不分的人，绝不可以委以重任，因为这种人往往见风使舵，没有原则，关键时刻容易做出损人利己、有损国家的事情。现实生活中，一些搬弄是非、颠倒黑白的人，能力越大，社会危害性越大。所以，一开始就要考察这个人的性格秉性，不然后期祸患无穷。

二是穷之以辞辩而观其变。

和他辩论一个问题，把他辩得没话说而激怒他，从而观察他的应变能力和本身的气度。在诸葛亮看来，一个人的应变能力十分重要，而要考察一个人的应变能力，要用突然之语把他激怒，看他的气度和解决问题的能力。有大才的人往往能够急中生智，在紧急状态下生出灵感智慧，使事态朝着对自己有利的方向发展。

三是咨之以计谋而观其识。

用计谋来咨询他，从而观察他的学识。想要考察对方的见识，就要对他提出各个层面的事情去考察他，让他给出相应的应答对策，看他考虑问题是否长远，是不是有自己独特的见识。

四是告之以祸难而观其勇。

把灾祸劫难告诉他，从而观察他的勇气、胆识。狭路相逢勇者胜，面对挫折、祸患、失败，即使心里充满了恐惧，也要有敢于亮剑的勇气，去克服困难，勇于一搏。一个人，如果没有丧失勇气和自信，那么他是不会被打倒的，他一直在成功的路上。而一旦失去勇气，他就失去了所有。

五是醉之以酒而观其性。

用酒把他灌醉，从而观察他的品性。所谓酒品即人品，一个人喝醉后很容易看出他是什么样类型的人。有人酒后酣睡（性格随和，宽宏大量），有人酒后愉悦（性格开朗，热爱生活），有人酒后交际（性格内向，心怀抱负），有人酒后郁闷（心思细腻，善察言观色）。

六是临之以利而观其廉。

用利益来诱惑他，从而观察他的清廉程度。投其所好，以小恩小惠引诱对方，考察他是否清正廉明。如何对待"利"这一关，是检验一个人的学问和品行的试金石。君子爱财，取之有道，一个人面对不义之财，欣然接受，一定是一个不讲原则、没有底线的人。这种人，只要价钱合适，任何事情都可能做得出来。

七是期之以事而观其信。

把事情交给他去办，从而观察他的信用程度。和他商量某件事，看他会不会言而有信，说到做到。"言而无信，不知其可。"一个说话不算话的人，是不能委以重任的。现实生活中，我们都喜欢找"靠谱"的人。而所谓靠谱的人，首要一点就是说话算话，君子一言，驷马难追。

此七观可概括为：志、变、识、勇、性、廉、信，简而言之，就是生活交往中，通过身边各种事情来观察一个人品性与能力，方能全面认识一个人。

其实，自古迄今，识人的原则大致相同。唯有细心、用心，才能真正识人知心。我们再来学习一下，先哲是怎么识人的。先秦时期有位著名的哲学家、政治家、军事家，叫管仲。他是齐桓公时期的宰相，被誉为"法家先驱""圣人之师""华夏文明的保护者""华夏第一相"。他提出了观人的十二准则，大家可以多加参考。

第一，訾謷的人不能委以大任。

訾是毁谤诽议贤人，謷指赞扬不肖的人。任用了"訾謷"之人，君主就会被蒙蔽，吹捧或毁谤的谗言就多了。若是任用这种人管理大事，那就会把事情办坏而祸患临头。

訾謷之人嫉妒心特别强。人难免都会妒忌别人，只是太强的嫉妒心，容易产生怨恨，甚至愤而谋叛。这种人不是好的领导者，决不能委以重任。

第二，谟巨的人可以共谋大事。

谟的意思是计谋、策略。谟巨就是有远大的计划，能够顾及天下，而不局限于一家一国的利益。谟巨的人，眼光相当远大。有些人眼光短浅，只顾眼前利益，只能加以指挥运用。所谓"不谋全局者，不足以谋一域"，要共谋大事，必须寻找有远见的人士。

第三，顾忧的人能担重要任务。

顾忧的人善于自我反省。凡是明白知道自己所作所为的人，责任感大多很强，可以放心地把重要的任务委托给他。

第四，设法远离急躁的人。

性情急躁的人，大概只知道追逐眼前的名利，往往毫无计划便贸然采取行动。这种人最好赶快想办法远离他，以免受他的牵累。

第五，耐心期待举长的人。

比起眼前的好处，举长的人更注重追求长期的利益。这种人外表看起来并不聪明，却常常是大器晚成的。要耐心对待他，期待他有良好的表现。

第六，裁大的人更能受人尊敬。

裁大的人能够果断地执行大事，当然会受到大家的敬重和支持。有些人只能做小事，不能期望他办大事。不能因为一个人小事办得好就轻易把大事委任于他。对于领导者来说，应该清楚分辨裁大或裁小的人。

第七，不可以重用饕食的人。

饕是嫌食、厌食的意思。饕食的人太过挑嘴，身体不会健康。另外，还可以引申一下，思想太偏激的人，同样不会成大事。领导者发现思想过分偏激的人，千万不要重用他，以免胡乱惹事。

第八，必得的人做事很不牢靠。

必得的人，轻易就断定某件事"没有问题"。这种人判断事情过于草率，办事不牢靠。对他所说的话，领导者要特别小心，否则会上当。

第九，不能信任必诺的人。

必诺的人，随口答应"我负责"，结果不能达成使命，又找出许多理由来推诿塞责。孔子告诉我们"凡轻诺，必寡信"，这种轻诺寡信的人，不足以信任他。

第十，小谨的人很难有大成就。

小谨的人，拘泥于小节，也贪求眼前的小利，所以不容易有大成就。

第十一，小功的人要再仔细观察。

有些人在问题很小的时候，就把它解决掉，有些人却只能够解决小问题。这两种人，要经由长期的观察，才能够适切地加以分辨。

第十二，言必有中的人能担大任。

平常不太说话，一旦开口就能切中问题的核心，这种言必有中的人谨慎小心，可以承担大任。另外，站在不说的立场来说，比较容易做到言必有中。

识人用人是个大学问，也是大责任，需要领导者有敏锐的洞察力和分辨力，其基础是先要细心观察、客观判断，定能有所收获，心想事成！

识人切忌只看表面

🎐 判断一个人是否明智可靠，应仔细观察他的言谈举止，更要从一些细微之处见真章。

识人如果只看表面，很容易就会被蒙蔽。即使是诸葛亮，也曾经在这方面栽过大跟头。

司马懿举荐张郃为先锋，引军 20 万，出关迎战。他料定诸葛亮一向谨慎，不敢走子午谷。这样，街亭就成为诸葛亮必经的要地，务必先断其要路，以绝其粮道。蜀军若一月无粮，自然退回。

诸葛亮这边，同样料想司马懿出关，必取街亭。街亭是交通枢纽，乃兵家必争之地，它既不险要，也没有城池，易攻难守。

平常诸葛亮点将派兵，很快就安排妥当了，而此次却再三犹豫，很难下定决心。赵云想去，可诸葛亮顾虑良多，一是出于爱惜之情，不想派他去守这么艰难的地方。二是唯恐年轻士兵或敌人认为派个老将守街亭，是蜀汉无人可用了。至于魏延，诸葛亮每次想到魏延都停顿很久，半天没有反应，因为诸葛亮根本就不想理他，要不是魏延作战勇敢，很能打仗，诸葛亮老早就不要他了。魏延长期累积的坏印象，使诸葛亮对他很厌恶，这不能全怪诸葛亮。

马谡毛遂自荐愿守街亭，他说自己从来没有过战功，同僚对此议论纷纷，认为他只有嘴巴会讲，实际上一无是处。马谡想争取一点儿位置，所以再三请求诸葛亮给他这个机会。诸葛亮本不该答应，因为马谡的动机就不单纯，可马谡跟他关系密切，他经不住马谡的请求，就答应了下来。

为安全起见，诸葛亮又指派王平相助，并特别提醒王平，这是重任，安营扎寨之后，派人画图持回，以便查阅。凡事商议妥当而行，万万不得轻易私自决定。又派高翔到街亭东北的偏僻小路屯兵，以便及时引兵救援。再指派魏延守在街亭之后，以便接应街亭。一攻一守，俨然是大战的关键。诸葛亮还是不放心，要赵云、邓芝各引一军出箕谷，以为疑兵；自己则统领大军，兵出斜谷。

诸葛亮远离家人，只身在外指挥作战，难免会有一两个人跟他越走越近。这是当统帅的人，尤其是君王要特别注意的。君王应该跟所有人都保持安全的距离，不应该有近臣，因为近臣往往是祸乱的根源。诸葛亮不应该因为马谡跟他越走越近，就称马谡是了解他的人，并加以赞誉之词，导致马谡敢强求机会，甚至不惜跪地请求出战，诸葛亮对此多少要负一些责任。

马谡立下军令状，说街亭若失，请斩全家。以前诸葛亮听到这种话会不高兴，不是说他迷信，但动不动就说死说斩的，是很不吉利的。

诸葛亮一生中最重大的失误就是指派马谡守街亭。街亭至关重要，此地一失，这次北伐注定无望。马谡没有实际作战经验，刘备临终也再三交代，说马谡言过其实，不可重用，但诸葛亮还是重用马谡，甚至答应了他守街亭的请求。诸葛亮一生，很少像这样情感超过理智。实际上，当时还有比马谡更合适的人，可他为什么都不考虑呢？

我们现在无意批评诸葛亮，只是提醒大家，当情感超过理智的时候，很可能就要犯错，像诸葛亮这样的人，都会有这样的过失，何况我们一般人？所以我们做事情的时候，要特别谨慎。当你越来越有信心，越来越坚强的时候，一定要警惕是不是有一种力量让你偏离正轨。诸葛亮如果找赵云商量一下，我相信赵云会建议让魏延去守街亭，因为魏延这个人，逼他的话，他可能会叛变；但如果给他机会，他就会好好表现。那不就什么都好了吗？

诸葛亮曾说："知我者，幼常也。"可见其对马谡的赏识。诸葛亮看重马谡提出的策略，却没有全面地识人用人，忽略了马谡言过其实的缺点。马谡虽有才能，但言过其实，不适合独挑大梁，做参谋还可以。因此，领导在识人方面切忌只看表面，判断一个人是否明智可靠，应仔细观察他的言谈举止，更要从一些细微之处见真章。

那么，如何判断呢？

第一，看他是不是"孝"。

一个不孝的人，不可能真心对别人好，因为他对自己的父母都没有真心，你还指望他对谁有真心呢？因此说，"孝"是用人的第一标准！可是，你怎么知道他孝不孝呢？

比如，你当面问他爸爸最近怎么样？他说："不知道，好久没联系了。"你就知道，这个人是不能录取的，学历再高也没有用。一个人不孝，他会忠诚于公司吗，会把事情做得很好吗？我反正是不相信的。你再问他："你爸爸和妈妈最近相处得怎么样？"他回答说："从我小时候他们就吵架，到现在还没有停。"你就完全了解情况了。再比如，有公司成立了孝心基金，每年定期给员工父母打钱，此时有人提出，不如跟工资一起发了算了。这样的员工你要小心了。

对于行孝是什么态度，也是一个参考指标。我们知道，行孝是不能等的。我们很不愿意说那句听起来很伤感的话，叫作子欲养而亲不待。有一对兄弟，他们在职场上表现都很好，可是因为老父亲病得很重，两兄弟不顾一切辞掉工作，回家轮流照顾他们的爸爸。我问他们："难道工作不重要吗？"他们表示："工作是很重要，但是爸爸的生命是很有限的，工作以后还来得及。"他们把工作与爸爸两方面一比，就知道爸爸目前是最重要的。人要懂得取舍，这是非常重要的。

第二，看他读什么书。

当年，刘备三顾茅庐请诸葛亮下山，那也是经过大量的信息收集和方方面面的了解，才决定请他下山的。我们看，刘备第二次去拜访诸葛亮的时候，诸葛亮不在，童子以为在家，就请他们进去了。进去以后，刘备才发现在家的并不是诸葛亮，而是他的三弟诸葛均。

可是，刘备并没有表现出很泄气的样子，反而想趁机了解一下诸葛亮。他在卧室、书房这些地方看到很多诸葛亮表白自己心迹的东西，比如墙上挂的"淡泊以明志，宁静以致远"的题字。再看诸葛亮书架上摆的什么书，果然都是些明理的书。当时刘备虽然没有这种心境，但并不妨碍他欣赏这样的境界。通过诸葛亮所看的书来大体了解诸葛亮的为人，是个不错的方式。

刘备从中感觉到诸葛亮一家人都很亲切豁达，从而进一步增加了对诸葛亮的良好印象。后来把诸葛亮请下山，经过一次一次的考验，一步步的重用，到最后白帝城托孤，将大权交给诸葛亮。种种事实证明，刘备在识人用人方面是相当高明的。

第三，看他说什么话。

我们常讲，一开口就见高低。凡是见面就跟人打成一片，好像多年的老朋友一样，你最好离这种人远点，因为他可能跟谁都是这样，没有真心。人与人之间的交往，总得有个过程。我们中国人的交往一般都是由远及近、由外及内、由浅入深的，你一见面就热情得不得了，就是说你跟谁都很好，也表示你跟谁都不好。我们讲亲疏有别，就是这个意思。有些人讲，我对所有人都一视同仁，其中真假需要你仔细分辨。

接下来，我们看刘备与关羽、张飞二人是怎么相识的？关张二人因猪肉、绿豆的事情打了起来，刘备看二人武艺高强，想要拉他们入伙共谋大业，于是上来劝架，抓住两人的手后，第一句说了什么？

"二位壮士俱身怀绝技，武艺惊人……"还补充一句，"佩服！"几句话说到大家心里去了，气氛也缓和下来了，人家愿意听了，才好接着往下说。于是，才有后来的桃园三结义，开创蜀汉江山。如果换种说法："你们两个不要打架，我比你们还厉害……"那两个人不合起伙来打他才怪，哪还有以后的那些故事呀。由远及近，慢慢切入，这才是说话的艺术！

再看，凡是一开口就提利益的人，多半是唯利是图的。还有，开口闭口大谈仁义道德，大概也是有口无心的人。我们中国人说话从来都是力求点到为止，就是说到合理的地步。有句话叫作，逢人只说三分话，不可抛却一片心。

诸葛亮错用马谡，还给我们带来了另一个识人方面的教训，那就是识人应该全面把握，充分认识人的优点和缺点、长处和短处。这样才能保证在用人的时候两方面兼顾，所用即所长而非所短。

举例来说，甲能力强，办事热心，思虑周到，可惜手脚不干净，钱财方面相当不可靠。这样的员工能不能用？不用的话，浪费了一位有用之才；用的话，领导经常提心吊胆，也有可能造成损失。

对这种两难最好用兼顾的方式，把用与不用合起来想，也就是用其所长而防其所短。换句话说，只要不让他有机会经手金钱，当然可以让他一展长处。对于他的长处，尽量加以鼓励，使其如愿以偿，获得表现的机会；对于他的短处，用不着大张旗鼓广为宣扬，使其抬不起头来，那样等于毁掉一位人才。扬善隐恶，对甲而言，殊有必要。

扬善隐恶，并不是忘记他的缺失，而是谨慎预防，防患于未然。但是，在防弊之外，尚须重视兴利，要提供合适的机会，让员工的长处有显著的表现，这便是人尽其才。人人能够尽才，即是人人可用。

任用人才，但求合理

> 合理应该是大同小异，而不是强求一致。

在河南方言里，有一个字特别重要，那就是"中"。其实，这个字有两种意思：一个是回答语，表示"好或行"；另一个则是做人做事的标准所在。

看到"中"，很多人会想到《中庸》。没错，这个"中"字就是《中庸》里的"中"，一句"极高明而道中庸"，便可以知道中国人最高的行事准则就是"中"。说到"中"，有人认为是中间路线，不偏不倚，这样解释是片面的，真正"中"的意思是合理。

其实，中就是太极。那太极怎么会跟中有关系呢？如果用现在的观念把太极解构，即把它的结构解析开来，我们就会看到它的变化，而且它会有很多种变化。换句话说，中不是一个固定的目标，而是有弹性的。只要在合理的范围之内都叫中，把它写成方块字，它就是一个"中"字。

中的意思就是合理，合理并不是一个固定的标准。因为世界上有很多不同的因素，有很多不同的条件，而且所要面对的环境也都不太一样，那么就不能只确立一个固定的目标，或者一个固定的标准。

每一个人到这个世界上来，都是要做不同的人，而不是做同样的人。所以，合理应该是大同小异，而不是强求一致。本来没有办法强求一致的，如果非这样不可，就是在做不合理的事情。

这样，中华文化的特质就出来了，所以中国人才讲王道，而不讲霸道。如果更扩大一点来看，太极和中既可以变成这样，又可以变成那样，很多花样都可以变得出来。

什么叫中庸之道？凡事求合理，就叫中庸之道。这样我们才知道，为什么尧舜他们最了不起的就是治中、用中，一切都是跟中有关的。中庸之道，是中国传统文化的核心，却遭到许多人的误解，他们以为"中庸之道"就是不明是非，就是和稀泥。而《易经》告诉我们，中，就是合理；中庸之道，就是凡事求合理。

如此看来，中国人确实是崇尚中庸之道的，因为中国人凡事都要讲求个合理。在任用人才方面，我们也要尽量做到合理。

在三国中就有这样一个有代表性的故事。

庞统连人带马被乱箭射死，刘备伤心至极，要为庞统招魂设祭，吩咐关平速往荆州请诸葛亮，自己则坚守涪关，并不出战。诸葛亮得知消息，放声大哭，众官无不垂泪。

诸葛亮知道刘备进退两难，不得不离开荆州，前往西川。关羽问他荆州重地，由谁看守。诸葛亮说刘备的书信中并未言明，但是关平送的信，用意即是请关羽来守荆州。关羽也不推辞，慨然答应。诸葛亮交割印信时，对关羽说："重大责任都在将军身上。"关羽回答："大丈夫既领重任，至死方休。"诸葛亮问关羽："倘曹操引兵来攻，当如之何？"关羽答："以力拒之。"再问："倘曹操、孙权一齐起兵前来，如之奈何？"关羽答："分兵拒之。"

这四个字是诸葛亮最害怕听到的，因为如此一来，荆州必然十分危险。他赶紧告诉关羽，有八个字可保荆州，请他无论如何要记住——"北拒曹操，东和孙权"，绝对不能违反这个大原则。

当时诸葛亮心中已经有不祥的预感，因为两线作战是兵家大忌。他原本有改变主意的念头，但因话已说出，加之关羽的脾气比较大，惹火了很难协调，这才忍住不另提他人。他想把赵云留下来，带关羽、张飞赴西川，又恐刘备起疑，所以没有做出任何变动。

再怎么说，关羽是刘备的结义兄弟，由关羽来担此重任，当然最合适不过。可见组织中的班底或称核心团队，往往会分出亲疏。刘备如果考虑周到，在书信中说明请赵云留守荆州，应该会更好。

中国文化讲伦理，伦理最注重的就是亲疏有别、长幼有序，而不是一视同仁。领导对员工到底是一视同仁，还是差别对待？一视同仁就是以领导为核心，对待每一位员工都一样；差别对待就是对这些人比较信任，对那些人则有所保留。

如果从其中只选择一种，那就偏离了中庸之道，不合乎中国式管理的要求。在不了解员工的情况下，应该一视同仁；若是接触一段时间之后，仍然停留在一视同仁的状态，岂不表示领导连好人坏人都不会分，简直是非不明，连最起码的判断力都没有了？那还当什么领导！反过来说，领导如果一开始就采取差别对待的方式，员工就会怀疑领导的评判标准，也许原本就是成见、偏见在作祟，当然不服气。搞差别对待还容易形成小团体，产生党派之争。

所以，领导者要逐渐按实际贡献和表现，将下属区分为三层：最内层属于核心人物，领导应以"没有你就不行"的心情来加以礼待，给予特殊的照顾；中间层为"有也好，没有也好"的一般员工，如果他们不能再努力提高贡献度，只能给予一般的照顾和客气的对待；最外层则为"早走早好"的员工，若他们不知自省、自律，就希望他们另谋出路，不要继续留在这里混日子了。

领导必须依据公众目标来考核，不夹杂私心，公正地对待员工。相信员工会认同这种标准的，这就是合理的不公平。最内层的核心人物，是十分值得领导信赖、依靠的少数人。日本人宣称"企业由少数人维持"，中国人似乎把这一句话发挥得恰到好处，让少数有心而且用心的人士，构成坚强的第一道防线。

作为领导，首先必须信任自己的班底，但同时也不能对中间层和最外层员工的意见不闻不问。一方面表示一视同仁，另一方面也要开启最内层的门，让更多的员工可以通过努力成为班底的一分子。当然，这种做法同样具有防患作用，使班底提高警觉，不但不能营私舞弊，而且应该更加用心，否则中间层、最外层的人会向领导反映，影响领导对班底的信任。总而言之，在用人方面不管是一视同仁还是亲疏有别，合理二字才是最重要的。

但问题在于，合理的标准是什么？为什么经常发生公说公有理、婆说婆有理的情况呢？任何事情都要合理，但比较困难的是，什么叫合理？到底要合谁的理？这个争论比较大。

一般来讲，"符合我的理我就接受，不符合我的理我就不接受"，这是不正确的观念，是不好的态度。

我们应该要注意的是，无三不成理。什么叫无三不成理？就是第一要合天理，第二要合人理，第三要合地理，这三个都合才叫合理。任何事情都要看看天理，看看人理，看看地理，把它们融合起来就可以找到合理点。这样我们才知道，为什么我们经常讲天时不如地利，地利不如人和，就是表示这三样东西要一并考虑。

真正做到合理是一件非常不容易的事，我们要因时、因人、因地做出不同的反应，才能达到满意的效果。

如果感到这么多条条框框很烦琐，那就在心里记住一个"中"字吧，时刻提醒自己做事不要"跑偏"，顺其自然，合理应对，就能慢慢做到无往而不利。

团队是心与心的结合

> 什么叫关心？就是把别人的心关起来。身在曹营心在汉
> 是没有用的，人在哪里不重要，心在哪里才是重要的。

中国有句话，"百善孝为先，论心不论行"，说的就是心的重要性。中国人对每件事情都会深入了解，不喜欢做表面文章，而是注重内在，即所谓透过现象看本质。我们为什么总是强调要在团队中建设忠诚文化？正是因为团队是心与心的结合，这是团队的本质。

关羽奉命攻打长沙，来势汹汹，而长沙太守韩玄旗下众将也并不示弱，尤其是刚刚从襄阳投奔来此的魏延。黄忠说凭他的刀和箭就能拿下关羽，杨龄说要去战关羽，魏延也说要去，却被韩玄驳回。韩玄为什么要给魏延难堪？其实并不是韩玄一个人这样，大部分领导都会这样。魏延是个外来人，刚到长沙没多久就想出风头，那这些老人不是面子全无？

所以，领导常会给新人一些难堪，主要是为了维护老人的颜面，这一点是魏延不太了解的。魏延有想法也只能跟其他的老人讲，而不能直接跟太守讲，因为跟其他老人讲是尊重这些老人，直接跟太守讲就是让这些老人没面子。如果魏延能懂得这其中的道理，自然就会少吃一些苦，少受一些罪，但他就是不懂这些人情世故，所以一路都不顺利。

太守韩玄指派大将杨龄先去迎战，不料却被关羽一刀砍死。韩玄大惊失色，他本来就胆小如鼠，也没见过什么大世面，现在更是吓得要命，这时又有一个人站出来了，他就是黄忠。黄忠跟关羽一样身经百战，他们都不把对方放在眼里，其实这也是一种大将风度，是对自己信心十足的体现。黄忠有信心，关羽也有信心，他们两个谁都不怕谁，这就叫作旗鼓相当。

黄忠与关羽首次交战便打得难解难分，不分高下。次日，双方再战，仍然难分胜负，于是关羽假装逃跑，趁黄忠追赶时将其战马砍翻在地。关羽并没有杀他，反叫他换马再战。这是因为一方面关羽讲义气，另一方面则是诸葛亮的功劳。关羽并不是以杀人为乐的人，而是以破敌为目标的人，他为了整体利益着想。想要攻打长沙，如果长沙太守肯投降，那是最好的，可以不用杀人；但长沙太守不肯投降，那就只好刀枪相见了。

关羽想起诸葛亮曾提醒他，说黄忠是个很英勇的老将，再加上他自己也看出黄忠讲义气，所以才让黄忠换马再战。只要是讲义气的人，关羽就非常看好。当年虽然关羽跟张辽是对手，但看到张辽讲义气，所以还是放了他一马。在关羽看来，天下人分两种，一种是讲义气的人，一种是不讲义气的人。讲义气的人他会特别客气地对待，现在他觉得黄忠讲义气，所以不杀他，再给他一次机会，让他心服口服，说不定他还会来投降，这也反映了关羽深谋远虑的一面。

现在，关羽在马上坐得好好的，刀就在手上，只要刀一挥，黄忠的生命就结束了，所以黄忠当时就认命了，心想死在关羽手上也不算耻辱，就没有反抗，也没请求关羽饶他一命，而是头一偏，等着关羽动手。但关羽并没有杀他，这让黄忠也觉得关羽这个人了不起，讲义气，既然关羽讲义气，自己就不能不讲义气，他往后的表现都受到了这次交战的影响。

黄忠战败而归，却遭太守韩玄猜忌。因为黄忠除了善于用刀之外，箭法也非常高明，能够百发百中，所以韩玄责怪他明明可以一箭把关羽射死，却不发箭。黄忠也是个讲义气的人，关羽饶了自己一命，自己却要把他射死，除了传出去不好听之外，自己的良心也会不安，所以当他换马再上战场时，他内心的确很挣扎。

夜里，黄忠因不忍伤及关羽，又不能违抗太守韩玄之命而左右为难。魏延劝黄忠弃韩玄归顺刘备，黄忠不肯。魏延就像现在的某些员工，经常跳槽，所以他叫黄忠跟他一起跳槽去投刘备算了。虽然他讲的道理很对，韩玄根本就没有资格当领导，追随这种人不会有前途，但黄忠却认为自己既然投了韩玄，就算死也不能做反叛的事。魏延要跳槽可以自己跳，他不干，这就叫人各有志，每个人都有自己的想法，我们没有办法把他们相提并论。

次日，两军再次对阵，黄忠奉命定要一箭射死关羽，可却一再违命，对关羽手下留情，这更加引起韩玄不满。韩玄是个怀疑心很重的人，我们常说怀疑心重的人通常警觉性也高，如果韩玄的怀疑心用得恰当，那就会变成警觉性，并没有什么不好。

可他现在的警觉性很低，怀疑心却很重，可见怀疑心和警觉性并不是在任何情况下都相等的。韩玄一味地猜忌、怀疑，对部属完全不信任，连黄忠也怀疑，可见他对部属完全不了解。他觉得黄忠明明可以射死关羽却只射中盔缨，明显是跟关羽有所勾结，如果不杀黄忠，自己就完了，所以很不客气地喊着要杀黄忠。黄忠武艺那么高强，还会怕一个没有武艺的太守吗？但当太守下令要绑一个将领时，将领是不能反抗的，否则就是造反了，跟投降没有什么两样。黄忠既然不愿投奔刘备，自然就不会公然反叛韩玄，所以当韩玄说要将他绑起来杀掉时，他也没有反抗，只是反复说自己没有罪，因为他心安理得，只能这样做。

众将纷纷为黄忠求情，韩玄却执意要将黄忠斩首。就在此时，大将魏延突然挺身而出，号召众人反韩玄。从某个角度来说，魏延这样做的确是很合适，因为像韩玄这么坏的太守，根本没必要再跟着他。何况现在反叛的机会也来了，黄忠是大家心目中的好将领，对长沙有过功劳，把他留下来对长沙绝对有好处，可韩玄身为长沙太守，居然不明是非、侮蔑忠良，还要杀了他，这时魏延这么做并没有错。

但从另一个角度来讲，魏延毕竟是一个新来的人，当初如果觉得不合适他可以自己走，可他没走，现在反而鼓动这些老人一起杀掉韩玄，其实也是一种不义之举。

可见同样一件事情，从不同的角度看，会有不同的说法。只有具备自己的衡量标准和理念，才能够当机立断，做自己该做的事。魏延既然觉得韩玄不好，现在又有机会，于是果断选择反叛。

魏延趁机杀了太守韩玄，而后便大开城门，将刘备等人迎进长沙城。魏延参见刘备和诸葛亮，关羽请黄忠相见，黄忠托病不出。刘备与诸葛亮随后到来，待黄忠甚厚，亲自到府上拜访，黄忠终于投降。关羽引魏延来见，诸葛亮却喝令刀斧手推出去斩了。原来，他想起由樊城走襄阳的时候，魏延开门欢迎的那一番举动。

刘备惊问，魏延是有功无罪的人，为什么要杀他？诸葛亮说："食其粮而杀其主，是不忠也。居其土而献其地，是不义也。吾观魏延脑后有反骨，久后必反，所以先斩之，以绝祸根。"刘备说："若斩此人，恐降者人人自危。"诸葛亮指着魏延说："吾今饶汝性命，汝可尽忠报主，勿生异心。"魏延诺诺连声而退。

诸葛亮出山前，曾对当代的大人物逐个做了研究，但那时候的魏延是个无名小卒，在诸葛亮的个案研究里根本没有魏延，所以他完全凭第一印象，见魏延脑后有反骨，不管三七二十一就喊人将他拿下，说他将来也会背叛刘备。倒是刘备自己觉得不可能，何况人家来归降，如果把他杀了，那其他人还敢来吗？所以刘备是不赞成杀他的。

魏延就像一个被董事长赏识，但又被总经理当作眼中钉的可怜人，从这一小段就可以推算他将来即使全心全意跟随刘备，过程也会很坎坷。

第一眼就被认定是一个会造反的人，而且永远不会改变，这就是魏延给诸葛亮的第一印象。诸葛亮看他第一眼就要杀他，甚至临死还想到要杀他，可见第一印象的重要性。

我们不要用第一印象去判断别人，但是一定要谨防别人用第一印象来论断我们。魏延就是没有注意这一点，留给诸葛亮的第一印

象非常不好，所以诸葛亮要斩了他以绝后患。这种情形下魏延是很
为难的，如果他聪明的话，可以做两件事：第一件就是彻底改变自
己给别人的观感，也就是改变自己的习惯和作风；第二件就是找机
会离开，因为诸葛亮毕竟是刘备集团的关键人物，第一眼就让他看
着不顺眼，除非有办法改变他，否则将来是很辛苦的。

当然诸葛亮只能接受关羽和刘备的意见，暂时留下魏延。但他
警告魏延，既然来到这里，就不能再有反叛的念头或想法。魏延将来
如果能好好改变自己，使诸葛亮改变对他的印象，两人自然会相安无
事。所以，两人将来的关系如何，还得看魏延自己。

刘备等人入城后，黄忠整日闭门谢客，羞作降将，于是刘备亲率
诸葛亮、关羽前来拜访。我们可以想一下，如果不是魏延，黄忠早就
一命呜呼了，更不会有以后的发展。但大家都很看重黄忠，刘备甚至
还带着关羽去跪请他共同为汉室的复兴而努力。可魏延呢？诸葛亮是
怎么看怎么不顺眼。

黄忠和魏延同时归顺，命运却完全不同，这是什么道理？这就值
得好好研究了。前面我们已经说过，忠诚和能干的组合有四种，分别
为：既忠诚又能干，只忠诚不能干，不忠诚却能干，以及不忠诚不能
干。在诸葛亮看来魏延就是有才无德，不忠诚。所以他要杀魏延，是
为了给整个团队树立一个忠诚的文化标杆，以凝聚人心。

其实，站在一个团队领导的位置上看，团队的重点就是心跟心的
结合。我常常问一些企业的领导："你作为领导，最重视下属的哪方
面素质？重视他们的能力吗？重视他们的品德吗？还是重视他们的家

庭背景、健康状况？"他们说这些都不是优先考虑的。那领导最关心的是什么？答案是"我的员工心中有没有我"。

所以说，心才是最重要的。我们在看爱情片的时候，常常看到这样的情节，每当男女主角吵架，女主角一般都会说："我到现在才知道，原来你的心中根本没有我。"可见，无论是在工作中还是生活中，人们都重视心的存在。

对中国人而言，心是最可靠的。中国式管理讲的就是关心，什么叫关心？就是把别人的心关起来。身在曹营心在汉是没有用的，人在哪里不重要，心在哪里才是重要的。我们一定要让领导知道自己心中有他，但你千万不要跑到领导面前说："报告领导，我的心中有你。"这样绝对会适得其反。

中国人的人际关系很微妙，有很多事情是不能说的，说了只会得到相反的效果。你要想有前途，要得到领导的赏识，只能让他感觉到你心中有他，心意要靠"心"的交流，只能意会，不能言传。

以身作则，修己方能安人

> 领导先修己，从而感化员工也自动修己。双方都主动修身养性，自然更加合理。人人自求合理，才是最有效的管理。

作为领导不要单纯用法治来管理团队，还要以人为本，结合"人治"的方法。而要治人，首先要从自身出发，管理他人要先从管理自己开始。

管理是修己安人的历程，"修己"的意思，是自我修养，而不是改变他人。有人花费太多的时间和精力去改变别人，这种错误的方向浪费了很多管理成本。领导若是一心一意想要改变员工，员工就会保持高度警觉，不是全力抗拒，便是表面接受，阳奉阴违。领导不如用先心改变自己，让员工受到良好的感应，再自觉改变自己，这种方式更为快速有效。

用高压的政策要求员工改变，并不符合安人的要求，也不符合人性化管理，员工会以不合理为由，加以抗拒。领导先修己，从而感化员工也自动修己。双方都主动修身养性，自然更加合理。人人自求合理，才是最有效的管理。

国外有很多科学的管理理论，但是没有一个理论提到修己安人，这是中国非常特殊的原则。如果领导自己不能修身养性，就领导不好任何人。人的眼睛喜欢往上看，上司的一举一动都逃不过下属的眼睛。如果你的所作所为没有人在意，就表示你的职位较低；当你的职位越来越高以后，你讲的话会有人帮你散播出去，你做的动作会有人模仿。

因此，作为一个领导，一定要以身作则。以身作则不是要求你的技术领先，也不是说要样样做表率。以身作则专指德行方面，比如，讲信用，处理事情谨慎，对人诚恳，等等。

诸葛亮就是一个以身作则的人，这方面的突出表现就是众所周知的"挥泪斩马谡"。前文说到马谡立下军令状，前去镇守街亭。在街亭查看完地形后，马谡笑诸葛亮多心，王平劝他还是谨慎为好，二人一开始就有分歧。一个团队的领导之间如果分歧很大，就会起内讧。马谡是主将，王平是副将，士兵不知道听谁的，还没开始作战，军心就已经不稳了，这是非常不利的事情。

如果王平事先料到马谡会跟他有不同意见，提前安排一个人在出现意外情况时，快马加鞭去报告诸葛亮，这样好不好？答案是不好，而且很糟糕。如果王平一开始就心存疑虑，为什么不在出发之前就告诉诸葛亮呢？这种事情要做也只能由诸葛亮来做，然而诸葛亮若事先有这样的安排，就表示他不信任马谡，既然如此，那为什么还交给马谡这么重大的任务呢？所以，谁都不可能事先做这样的安排。诸葛亮让马谡守街亭，是考虑再三后的决定，表明他信任马谡，相信马谡会按照他的计划去执行。

马谡要上山扎营，王平说有违诸葛亮指示，两人争执不下。这时王平唯一的办法就是亮出诸葛亮这张王牌，说这不是自己的意见，是诸葛亮说的要伐木为栅，当道设防。但马谡仍旧不听，说自己从小熟读兵书，诸葛亮遇事尚且问他，并且诸葛亮对这里的地形、地物不是很清楚，不知道有这么好的一座山可以利用，如果诸葛亮来了，也会这么做。王平拿马谡没有办法，只好领五千兵马去山下扎寨，安好寨了才画图报告给诸葛亮。

王平刚刚派人送走驻防图，司马懿的大军就到达了街亭。司马懿熟读兵书，凡事略微观察便可分晓。他见街亭大路畅通，蜀军屯兵山上，稍感意外，而得知是马良的弟弟马谡守街亭后，便知道马谡是空有其名，完全不懂用兵之道。

司马懿见诸葛亮这么厉害的人，居然派一个这样蹩脚的人来守街亭，忍不住说"天助我也"。

兵贵神速。司马懿一看蜀军屯兵山上，立刻判断应该快速围山，只要切断水源，蜀军定会起内乱，从而丧失作战能力。兵贵神速不是说一切都要快，而是说该快则快，不该快则不快。如果山上有水源，山就是很好的据守点，如果水源在山下，就刚好相反，越上山越倒霉。如果行动迟缓，蜀军发现情况不妙冲了下来，魏军的有利形势就很快丧失了，所以此时司马懿真正是分秒必争。司马懿不打则已，要打就一招制胜，这才是真正的兵贵神速。

诸葛亮兵法娴熟，深通韬略，对地形地物运用自如。他一看王平送来的屯兵图就知道司马懿一到，蜀军将会先被断水，后被火攻，到时候任凭指挥官怎么激励军心都无济于事，街亭必失，北伐无望。此时诸葛亮知道自己做了错误的选择。

　　果然，司马懿很快就将山包围得如铁桶一般，并切断蜀军水源。两军对峙一夜，至次日天明，蜀军早已疲惫不堪，口渴难耐。魏军趁此放火烧山，马谡命令大家勇敢杀下去，置之死地而后生。

　　所谓"置之死地而后生"，是指在大军还没有行动之前，就利用地形地物制造出没有后路的局面，这样将士才会奋力拼杀以求保命。而蜀军早在两位指挥官产生争执的时候，就已判断出马谡是错的。马谡一意孤行致使部队被围困，没本事带大家出去不说，反而叫大家冒死去冲，分明是让人去送死。

　　指挥官不能在自己决策错误后，还强令所有人给他陪葬。何况马谡平常只是在诸葛亮旁边献计，跟士兵接触很少，所以不管他怎么命令，除了旁边几个人还附和以外，命令根本贯彻不下去，他的整个指挥系统都已经崩溃了，要士兵置之死地而后生，几乎是不可能的。

　　蜀军惊慌溃退，降者无数。马谡高呼街亭不能丢，想自杀谢罪，被众人拦下。可能有人会想，干脆让马谡死了，好一了百了，免得日后制造问题，反正他回去也活不成。但实际上任何人都不会这样做，因为生命无价，哪怕只有一丝希望，我们都要尽力挽救人的生命。

　　马谡此时肯定很后悔，甚至恨自己，为什么这样自作聪明，为什么不好好听诸葛亮的话。但一切都已经太晚了。

　　此后，诸葛亮回到汉中，发现只有赵云这一军不折一人一骑，盛赞他"真将军也"，赠予黄金五十斤，以示奖赏。赵云请将赏金寄存库中，要用时再拿，令大家倍觉钦佩！

失掉街亭、导致此次北伐夭折的马谡，将自己捆绑起来，他是想请求免除死罪？如果马谡这样想，他就太不了解自己的处境了。一个人到了这种地步，是没有权利要求赦免的。马谡没有那么糊涂，他将自己捆绑起来，只求能够赦免家人，这么做也是人之常情。

一个人如果只考虑自己，可以为所欲为，死就死了，没什么了不起。然而我们有妻儿父母，要对他们负责，要考虑他们的安全、幸福和未来，这才是一个人的价值所在。现在马谡绝对不敢说"丞相，您饶我一命吧"，他只是说"能不能给我的孩子一条生路，给我的家人一口饭吃、一件衣穿，不要因为我而连累他们"。我想，这才是他真正的用意。

诸葛亮大骂马谡。如果不骂就对自己没有个交代，同时，他也想对大家说明自己不是随便下决定的人，不是因为跟马谡关系好，为了照顾马谡，所以给他这个难得的机会，他要交代清楚，是马谡自作主张导致的失败。

一个人，该讲的话一句不可少。诸葛亮骂马谡的每一句话，也是讲给其他人听的，特别是魏延。诸葛亮知道魏延可能会埋怨："你不找我去找马谡，现在搞成这个样子，谁来负责？"魏延的情绪如果发泄出来会很难收场，可被诸葛亮这么一骂，就给压回去了。诸葛亮当场宣布马谡死罪，如果在这个时候还赦免马谡，大家会觉得非常不公正，因为没有理由可以赦免马谡。

古代有些罪行非常重大，罪及九族。失守街亭的罪也很大，可是跟马谡的家人无关，所以诸葛亮赦免了马谡的家人，这也是马谡唯一乞求的事情。诸葛亮赦免马谡的家人，马谡听后再三叩谢。诸葛亮这么做也是承认自己的错误，他要负起责任，照顾马谡的家小。

众将正在为马谡求情，蒋琬专程从成都赶到，请求免马谡一死。按理说，蒋琬这个时候求情，是给了诸葛亮一个台阶。如果诸葛亮答应了，就可以顺水推舟赦免马谡死罪，改成另外的刑罚，可大家会非常怀疑："你们是不是串通好了，要不然怎么那么巧呢？这完全是在演戏嘛！"所以诸葛亮并没有接受，这是正确的做法。他断然拒绝了蒋琬，显示了他的决心，也让大家知道犯了错误就应该承担责任，不能大家一求情就免除罪责，那是不合理的。

马谡是诸葛亮一手培养出来的，是诸葛亮很看重的一个人，所以斩马谡令诸葛亮痛惜不已。但诸葛亮是在仁至义尽之后才斩马谡，而不是一上来就完全把情感摆在一边。

人有时候要狠，这是不得已的事情，但狠有两种：一种是无情无义的狠，一种是有情有义的狠。如果诸葛亮板着脸骂马谡，说马谡犯这么大的错误，不但他本人要死，而且全家都要被斩，那就叫无情无义的狠。事实上诸葛亮很难过，说马谡对自己帮助很大，本希望他能好好表现，没想到他落到今天这个地步，虽然不忍心斩他，但他非死不可，并说自己会照顾他的家人。诸葛亮这是有情有义的狠，体现了将帅之风，否则其他人会不服气的。

诸葛亮挥泪斩马谡之后，做的另一件大事就是承认用人不当，上奏后主刘禅，请求降职作为惩罚。如果诸葛亮辞职不干，是在为难后主刘禅，所以为了表示诚意，他上奏辞去丞相之职，但仍旧以右将军的名义执行丞相之事，并且总督兵马。

刘备死后，诸葛亮一直以马谡为知心的参谋，而这一次失误对他的打击非常大。按理说胜负乃兵家常事，并不是打败仗便应该杀头。但是，事先诸葛亮曾经再三交代此事非同小可，可马谡还是犯了重大的过错，不能及时做出一些调整，但至少也要以最大的勇气和毅力将伤亡减到最低。怎么可以临事而惧，令军士惊慌失措，造成这么惨的溃败局面呢？如果马谡战死沙场，诸葛亮还多少有一些交代。现在他活着回来，难道还想活命吗？他不能力战而后败，才是诸葛亮下令斩首的主要原因。

然而，这是因为自己用错人，至少也要给马谡一些同情，所以挥泪宣布决定，而且承诺照顾马谡的家小。马谡误失了街亭，犯了大错，为了严明军纪，诸葛亮虽然后悔、痛心，仍坚持斩了马谡，并主动向后主刘禅申请自贬，作为处罚。这既表现了他作为领导的人情，也显示了他作为领导者的公正和奖惩分明。其对于惩罚问题的公正性和以身作则的意识非常令人钦佩。

奖惩分明是合理的做法，良好的领导者，除了具备学识、经验、操守这三种条件以外，最重要的还是要尊重制度。领导滥用权力，乱开反面的先例，对员工就是不良的示范。领导应该以身作则，率先尊重制度，尽量减少例外，绝对不开恶例。

领导的一言一行会直接影响到员工的行为，所以领导必须做好榜样，才是良好的身教。身教重于言教，以身作则比说教要更有效。

回顾历史，商鞅在变法之前，曾先在南城门放置一根三丈高的木头，并悬赏能把木头搬到北城门的人就奖励十金。大家认为是开玩笑，不肯尝试。商鞅把赏金提高到五十金，结果有一人搬了，商鞅马上付给他五十金。

作为一个领导者，当然可以施行必要的赏罚，但赏罚犹如一把刀，有刀刃有刀背，必须谨慎使用。

（陆）

携手难事可成，掣肘易事难为

超越输赢，合作高于竞争

> 🎵 进行良性竞争的人具有君子的风度。一个人应该以合乎规则的心态来面对竞争，尽量做到克制自己，爱惜节操，并且关切别人。

有欲望就难免会有竞争，做得合理，就为君子之争；不够合理，就成了小人之争。这就要看你怎么修持自己了。大多数人认为，人与人之间的竞争是不可避免的。因为人生在世，最基本的需要就是生存。为求取生存，大家必须动用智慧与体力彼此竞争，以求适者生存而免于淘汰。

我们通常把竞争分为良性竞争和恶性竞争两种。进行良性竞争的人具有君子的风度，能够做到克制自己，爱惜节操，并且关切别人，以合乎赛竞规则的心态来从事竞争。而进行恶性竞争的人，则是言而无信，不择手段，只顾自己的想法，目的是踩在别人头顶上，使自己表现得高人一等。

无竞争，不足以进步，这是不能不竞争的正面理由。但是一旦竞争，便不择手段，则是自然界弱肉强食的残酷行为。可惜有些人平日里善于伪装，极力置他人于死地，把他人斗垮之后再来施以援手，假装慈悲，目的却是吞并对方。

中华民族发源于黄河流域的平原地区，以农业立足的社会孕育出我们一向礼让、和谐的心性。

人要以仁爱、道德来取代竞争强权，要明白合作是高于竞争的，这才是自我修持的人应该具备的内在修养。

《三国演义》中，周瑜和诸葛亮斗智斗勇，临终之时叹息："既生瑜，何生亮！"这句话道出了他对诸葛亮的不服气。其实，周瑜也并非嫉妒诸葛亮，只是他生得不错，做事也有魄力，对吴国的贡献也大，无端出现一个诸葛亮，使他样样都不如，让他怎能不郁闷？可事实并没有这么严重，诸葛亮并没有存心跟他过不去，也没有处处给他难堪，或非要置他于死地不可，诸葛亮所做的一切都是为了让双方能够更好地合作。可惜周瑜陷于自己的情绪中，没能想清楚这一点。

周瑜并不知道自己和诸葛亮的关系，是合则有利，分则有害。周瑜遇见诸葛亮后，应该和他诚心合作，多向诸葛亮学习以增进自己的实力。至少在可见的未来，双方合作的必要性很大，还不至于翻脸无情。但是周瑜心胸不够宽广，十分嫉妒诸葛亮的才华。特别是料事方面，更觉得自己不如诸葛亮，难免每次看到诸葛亮料事如神，就非常气恼。自己用尽苦心，诸葛亮却分毫未受到损伤。于是一气再气，经不起岗上军士高喊"赔了夫人又折兵"，当场大叫一声，金疮崩裂，昏倒在船上。最后他仰天长叹："既生瑜，何生亮！"连叫数声而亡，终年36岁。

其实，周瑜的内心，并不是妒忌诸葛亮的才华。鲁肃原来是袁术的部属，因为得不到重用而萌生去意。周瑜打听到鲁肃是一位了不起的人才，赶快把鲁肃的母亲接过来，然后全力说服鲁肃来归附。他不但为孙权增添了一位贤才，而且在临终时还极力推荐鲁肃。孙权接受他的建议，让鲁肃继任都督。

周瑜有能容下鲁肃的大肚量，却千方百计要迫害诸葛亮，这是什么道理？从他和诸葛亮初次见面，便请诸葛亮的兄长，同在东吴任职的诸葛瑾前来商议"令弟诸葛亮有王佐之才，如何屈身事刘备"来看，相信诸葛亮若是和鲁肃一样，能够弃刘备而事东吴，他也会像对待鲁肃那样善待诸葛亮，向孙权推荐以诸葛亮为都督也不是没有可能。

周瑜最大的错误，在于不懂得对方安稳自己才能安稳的道理，以为东吴可以独力抗拒曹操，而不需要外力的帮助。诸葛亮高明的地方在于他知道为了联吴抗曹，抬高刘备集团的声势，就必须和周瑜打交道。因为孙权内事不决问张昭，外事不决问周瑜，对待东吴的军事，周瑜的作用可以说举足轻重。所以，这种唇亡齿寒的关系决定了联吴抗曹是他们唯一的出路。

其实有一些话，按照交浅不言深的道理，诸葛亮原本是不应该说的。现在因为共同的利害，加上时间十分紧急，不得不说出来，以致引起周瑜的疑虑，认为诸葛亮这么厉害，为刘备所用，将来必为江东大患，因此几次都动脑筋要杀诸葛亮。

倘若周瑜和诸葛亮一样，知道只有两家联合在一起，才有足够的力量来抗曹，相信他对诸葛亮的态度就会比较理性，不致如此偏激。包容、厚待诸葛亮，对东吴和周瑜本人都有好处。

当然，从长远看，孙权和刘备迟早要一争高下，这一点孙权心里十分明白。周瑜和诸葛亮都知道，在曹操不喜欢的人里，吕布、刘表、袁绍、袁术都已经灭亡，只剩下刘备和孙权，曹操不可能放过他们。两人联合抗曹也是权宜之计，将来两雄相争也避免不了。周瑜大概就是有这样的想法，所以才急于除掉诸葛亮。

实际上，凡事都需要有个过程，许多事情是欲速则不达，急不来的。如果周瑜做出阶段性计划，先和诸葛亮合作，以后再做其他的盘算，他们的关系是不是会缓和一些？我相信他也想到了这一点。只是一向十分顺利的周瑜没有顾虑那么多，而是认为事不宜迟，不如当机立断，在刘备还没有站稳脚跟之前杀掉诸葛亮，以免刘备势大后更难应付。于是，周瑜想做就做，甚至不和孙权商量，便决定下毒手。

一般来说，太执着于输赢的人，是非常不讨喜的。别的不说，什么都要争，最后肯定迷失自己，不知道自己争的是什么，为什么要争，而且给人一种不好的印象，使大家提高警觉，甚至于联合起来，一点机会都不给他。所以，太会争、太喜欢争的人，经常什么都争不到，周瑜就是如此。

即使竞争在所难免，我们也可以选择更好的竞争方式：能够不争的，大家都不要争；不能不争的，便以让代争。这才是中国人推崇的君子之争。

什么是君子之争？孔子是这么说的："君子无所争？必也射乎！揖让而升，下而饮，其争也君子。"

表面上看起来，孔子是说大家要有礼节，不得不争时也要先作揖谦让一番，争斗完还能一起喝酒。实际上，这是在说竞争的心态和竞争的文化。在竞争时，一个人要怀有与人为善的心态，这样赢了就会给对方留有余地，输了也不会有太多怨气。即使不得不争时，彼此都能不伤和气，企业或组织自然其乐融融。

只有把"争"和"舍"融合在一起，该争的争，不该争的就舍弃，争到好像没有争一样，才是圆满的做法。以让代争便是兼顾"舍"与"争"的权宜措施，站在"不争"的立场来"争"，才不会乱争，才可能争得恰到好处。

但"让"并非消极的"让"，也不是让给谁都行，而是在冷静思考之后，让最合理的人来做最合理的事。明明心里十分不情愿，却打着谦让的幌子，那是虚伪。让来让去，觉得自己最合适，这时候就应当仁不让。

关键在于把握"当仁"的尺度，要从事情的性质、轻重、缓急、大小来判断。当然，当仁不让也要以"半推半就"的形式表现出来。"半推半就"就是指确实"当仁"，而且推辞不掉，实在没有办法，才勉强为之。"半推半就"必须诚心诚意，一方面表示"我虽然勉强接受，仍然随时准备交给比我更合适的人"，另一方面让没有当选的人也有面子。这样做也是为自己留条后路，但千万不要以此为借口偷懒。一旦你接受了，就必须负责到底，才不辜负大家对你的期望。

周瑜和诸葛亮二人立场不同，有一定的差异性。

实际上，人与人之间难免会有差异，我们把它叫作"分别差异"。差异就是不同，君子和而不同，小人同而不和。善于管理的人能够把"不同"的心和力结合在一起，产生"和"的力量；不善于管理的人，只在表面上要求大家服从，似乎"同"到没有意见上的差异，却始终发挥不出"和"的实力，这其实应该视为"不和"。

烹调的时候，用水来煮水，煮来煮去，得到的还是水；弹琴的时候，总是重复一个音调，听起来必然单调乏味。同样，"人"群集在一起，如果大家一模一样，丝毫没有差异，我们识别起来，势必十分困难。但是，用开水煮蛋，就可能煮出可口的蛋花汤；配合各种不同的音调，就可能演奏出动听的乐曲；不同的人聚集在一起，才有可能"和"成一个整体。

管理的历程，着重在"同中求异，异中求同"，也就是"有矛盾时加以调和，没有矛盾时制造若干矛盾"，使相同的产生某些差异，而让差异的趋于相同。

假如大家都能退让一步，站在对方的立场来思考问题，凡事将心比心，以设身处地的态度好好商量，最终就能达到长久合作的安定局面。别人安定了，从某种角度来说，也是在安定和强大自己。要希望组织同心协力，领导就必须使大家关心整体目标。而要使大家关心整体目标，又非让大家彼此交心不可。

要求大家交心，第一步则是设法使大家开心。这样来说，安人的历程，便是"由开心而交心，借交心而共同关心，然后产生同心"的一连串"心"的变化。所以对中国人来说，管理是"心连心"的过程，而安人则是"心连心"的结果，应无疑义。

成全对手，就是成全自己

> 一个人遇到对手时，千万不要失去理智，不一定非要置之死地而后快。有时候，成全对手就是成全自己。

人生在世，为了生存发展，就难免会出现竞争，有竞争就有对手。怎样面对竞争对手，可以说是一个人成功与否的关键一环。但有的人一想到竞争对手，就会不自然地义愤填膺，心里早已展开决斗的架势，誓要与对手拼个你死我活，决不允许对手的存在。这样的做法真的对吗？事实上不尽其然。除非你占有优势，否则硬碰硬的结果是，你可能惨败，也可能两败俱伤。

《三国演义》中有两对经典的对手——诸葛亮与周瑜、诸葛亮与司马懿，他们故事能让我们从中领悟很多的道理。

周瑜究竟是不是被诸葛亮气死的，我们实在不必加以追究。但是，司马懿应对诸葛亮的方式要比周瑜高明得多。周瑜心中抱持"既生瑜，何生亮"的怨恨，果然不幸一语成谶，最终怀恨而死。而司马懿一句"诸葛亮真神人也"，表示了"吾不如"的自谦。言为心声，顶着敬贤的光环而心安理得。因为司马懿最清楚，如果诸葛亮死了，最惨的是谁？自己。

韩信在临刑之前就发出了"狡兔死，走狗烹；飞鸟尽，良弓藏；敌国破，谋臣亡"的感叹，我相信这一段，大家一定还记得。司马懿的境况也是如此。他的最大愿望就是诸葛亮长寿一点儿,这样他才有被"老板"任用的机会和价值;否则,诸葛亮一死,他的政治生涯就要结束了。事实就是如此,他一回去,就被冷落了 10 年!因为他的"老板"根本就不相信他!这一点司马懿很清楚。

得知街亭失守后,诸葛亮料到蜀军陷入危机,于是着手准备撤退。他知道,街亭一失守,有可能导致很大的败局,所以当务之急不是去指责马谡,也不是自责后悔,而是积极勇敢地面对问题,关键就是让部队安全退回汉中。此刻蜀军士气大跌,而魏军士气大振,如果魏军乘势追杀,蜀军将很难幸免。

诸葛亮镇定自若,注意力都集中在妥当安排各路军队上,尽量将伤亡减到最少。实际上他内心何尝不着急,何尝不慌乱,又何尝不生气?但他都能一一化解,这非常值得我们敬佩。

部署完一切,诸葛亮亲自引五千兵马退往西县,搬运粮草,他为什么不多留一些军士在自己身边?作为军师,诸葛亮不能只想着自己,得对全局负责,而他的伟大之处也在于能够顾及全局,敢于承担全部的责任。在怎样让部队安全撤退的问题上,他考虑到每个地区的兵力都不能太少,否则就是要军士去送死,因此对主要兵力都做了妥当的安排,而自己只带五千兵马去西县运粮。这是普通人做不到的,普通人总想让主力跟随自己,以保全自身。

从这里可以看出,诸葛亮是不存私心的,而且他认为西县很小,并不起眼,只是存粮之地,司马懿不会来攻打。

但是,诸葛亮万万没有想到,司马懿将他研究得一清二楚。司马懿知道，跟诸葛亮打仗，硬碰硬是下策，要攻他的粮仓方能取胜，所以把大军开赴西县。而诸葛亮偏偏把主力都分派了出去，也就是说，诸葛亮现在要以最小的兵力来对抗司马懿的主力。这也是诸葛亮出于不自私、出于顾全大局而忽略自己的安危所造成的一种危机，而且是很严重的。

探子报告，司马懿大军来到，粮官惊吓得掉落手中的粮册，因为他没有诸葛亮这样临危不惧的气度。诸葛亮没有骂粮官，因为他知道，如果自己是粮官，也同样如此，所以只是很平淡地让粮官拾起粮册。这是诸葛亮的领导作风，普通人可能会骂粮官胆子太小，其实那样做的结果会很糟糕。

领导对于自己能够做到的事情，不要要求部属也能做到，这是不合理的。人的位阶不同，修养也不同，所以要彼此尊重。在这一点上，诸葛亮就算在非常慌乱的情境中，也做得非常好。

由于城中兵力很少无法抵抗司马懿的大军，诸葛亮只好玩起了空城计。他令部下打开城门，百姓洒扫街道，而自己携琴一张，于城上焚香弹琴。空城计经常有人使用，却不是诸葛亮发明的。司马懿的儿子也几次提醒说，很明显城中无人，冲进去好了。所以我相信，司马懿应该知道诸葛亮在玩空城计。

只不过司马懿另有盘算，所以并不攻城。他知道自己只是被利用，并未得到信任，曹睿不会真的给他大权。干部如果能得到老板的信任，那他不必顾虑，会全力以赴；可如果干部只是被利用，就会先替自己着想。司马懿知道，留得诸葛亮在，自己还能被利用，还可以做想做的事情；如果除掉诸葛亮，自己就毫无价值，那不是截断自己的后路吗？

司马懿记起，当年诸葛亮故意把关羽安排在华容道，就是不准备杀曹操，因为曹操那时候还不能死，还有利用的价值。所以，这时司马懿想将计就计，假装不知诸葛亮在玩空城计，转身走掉，这是非常聪明的选择。

既然已经下决心不杀诸葛亮，司马懿就不能挥军进城，否则诸葛亮不是被杀就是被活捉，活捉后再放回去，不更引起曹睿的怀疑吗？因此司马懿告诉大家说，诸葛亮绝非等闲之辈，素来谨慎，不会做这种冒险的事情，切不可妄动。

诸葛亮的琴弦突然断掉，司马懿知道诸葛亮的心不再平静，于是急令军队撤退。实际上他想利用诸葛亮来保全自己，这也是一种战略，只不过要在情况特殊时才能使用。

倘若当初诸葛亮过江舌战群儒之后，周瑜能够接受鲁肃的建议，怀有共同努力、齐心奋斗的心情，促使孙权和刘备精诚合作，联合抗曹，我们对周瑜的观感必然大为改变，认为他比司马懿还要高明。因为在那种孙权势力远大于刘备的时刻，能够有这种胸襟和度量，当然更为难能可贵。周瑜一生的结局，也不致那样悲惨，年纪轻轻便怨叹："每争必高我一筹，天意乎？人力乎？"最后紧紧抓住小乔的手，伤心而亡。

司马懿和周瑜一样，在数度较量之下，诸葛亮好像总能技高一筹。但是他所采取的应对策略，远比周瑜高明。我们可以说周瑜逆着走，而司马懿则顺着来。是不是由于有周瑜的前车之鉴，司马懿才发挥逆向思考，我们不得而知。难怪他感叹道："谋事在人，成事在天，不可强求也。"司马懿就算知道诸葛亮的计谋，也打不过诸葛亮，只好坚守不出。

他这种忍耐功夫，使诸葛亮十分无奈。岁月不饶人，一天天快速过去。面对这种激之无效、攻之不获的人，诸葛亮实在没有办法，终于想到一计，干脆就来正面的激将法，叫人送了一套女人的衣服给司马懿，当面给他最大的侮辱，说他身为大将军，不敢打仗，不像男子汉大丈夫。司马懿刚开始也很气愤，大将们更是愤怒，认为简直受辱到了极点，执意要打。但司马懿还是忍住了，他想："你要我这样做，我偏不，看你怎么办。"司马懿这套忍耐功夫真不是一般人能做到的。

司马懿向送女人衣服的来使询问诸葛亮的近况，此人警觉性不够高，把诸葛亮吃饭很少，什么事情都要自己处理等情况原原本本地讲了出来。使者这样跟司马懿讲真话，那不是通敌吗？不是出卖诸葛亮吗？

有人从小就培养孩子要讲真话，我看光有这方面的训练是不够的，还要看在什么场合对什么人讲，讲什么事，这有很多限制因素，一定要综合考虑才行。

一个人吃得越来越少，事情就会越来越麻烦，司马懿从使者的话断定诸葛亮体力不支，于是更加坚持不出战，拖到诸葛亮死为止，就什么问题都解决了。送女人衣服的人回来禀报诸葛亮，说司马懿料他活不久。这个人的做法很奇怪，他把诸葛亮的实际状况说给司马懿，事后不反省自己闯了祸，居然又把他告诉司马懿的话以及司马懿得出的结论——诸葛亮活不久了，原原本本地告诉诸葛亮，实在是没有必要。

我相信，一个稍微老道一点儿的人，这两种话都不会说，就算当初一时疏忽对司马懿说了实话，回来之后也不会告诉诸葛亮，诸葛亮也就不会有压力。现在诸葛亮一听，就知道糟糕了，司马懿知道他活不久了，后面的仗就更难打了，于是压力越来越大，这对他的身体状况非常不利。

我们周围的有些人，就跟这个使者一样，自认为没有恶意，只是知道什么就讲什么而已。这种人不知道自己闯了祸，反而感觉很轻松，让受害者受了很大的牵累。我们也只好把这些人当作那只看不见的手，往往就是他们，糊里糊涂地替对手做了很多事情。

司马懿没有因诸葛亮的羞辱而失去理智，依然坚守不战，蜀军难以进兵，诸葛亮壮志难酬，加之劳累过度，旧病复发，生命危在旦夕。

魏将们知道这件事情后，都很愤怒，认为大国名将，不应该忍受这样的侮辱，纷纷请求出战，以决雌雄。司马懿不得不上书曹睿，请求准予出战。

曹睿这一次表现得和司马懿非常有默契。他想，司马懿坚持不战，怎么忽然改变主意了？莫非是诸将强烈要求，才借用他这一块盾牌，来抵挡诸将的压力？于是，他下令不得出战。这时，诸葛亮一边传来东吴的消息，说原本陆逊上表吴王，要和蜀军前后夹攻曹魏，不料奏表中途为魏兵所获，因此暂时不采取行动了。诸葛亮听闻长叹一声，昏倒于地。

气人的人，遇到不生气的人，往往更加气愤，反过来把自己气得半死。诸葛亮的修养很好，想气他并不容易，现在司马懿忍辱功夫比谁都高，诸葛亮气不动他，怎么能不生气呢！至少司马懿因遭受诸葛亮散布的流言而削职回乡，到头来对司马懿有利无害。事实上，结果也证明司马懿在这场较量中，笑到了最后。

可见，凡事你把它当成好事看，它就是好事；把它当作坏事看，它便成为坏事。同样一位诸葛亮，周瑜把他当作敌人，结果被活活气死；司马懿把他看作高人，从他身上学到很多东西，使自己处于更安全的地位。总之，历史虽然已经成为历史，但它带给我们的启示值得深思。一个人遇到对手时，千万不要失去理智，不一定非要置之死地而后快。

记住，有时候，成全对手就是成全自己。其实，有对手并不可怕，人生最可怕的，是没有人把你当成对手。我们要好好想一想，有没有人把你当成对手？有的话，就表示你有分量。如果有很多人把你当成对手，说明你很了不起；如果没有一个人把你当对手，那就表示你是毫无价值的。

人，只有被别人当对手看，才会谨慎，才会自律，才会尊重别人，这样才有同心。

上下同心者强，同舟共济者赢

> 🌀 事情是大家合力做出来的，唯有群策群力，才能够把事情做大、做好。

人与人之间的合作并不是静止的，它更像是方向各异的能量，互相推动时自然事半功倍，而相互抵触时则一事无成。

先秦诸子之一的管仲说过"上下不和，虽安必危"，上下不和，表面上虽然看起来是安定的，实际上则蕴藏着很大的危险。互相牵制，斗来斗去，两败俱伤，就算斗到最后，赢了又怎样？一个人的成功只是小成功，团队的成功才是大成功。再说覆巢之下，安有完卵？团队失败了，自己又怎能独善其身？

正所谓"上下同心，其利断金"，一个拳头只有在紧握的时候，才能将力量发挥到最大。一个凝聚力强、互相扶持的团队，其发挥出来的成效通常要远远大于个人单兵作战的成效，也就是 1+1>2。

诸葛亮加入刘备的阵营之后，他的身份用现在话讲叫作"空降兵"，他和当年孙权接棒时一样，要面对严峻的考验。只不过孙权面对的是老臣，诸葛亮面对的则是和刘备桃园三结义的关羽和张飞。这两人见大哥如此礼待诸葛亮，心中不悦："诸葛亮年幼，有甚才学？兄长待之太过，又未见他真实效验！"刘备一时兴奋，竟然回答："吾得诸葛亮，犹鱼之得水也。"两人更加不高兴。我再一次说明，地位越高的人，越不能把心里的话说出来，因为你很可能会伤害别人的感情。听说夏侯惇引兵前来，张飞毫不客气地问刘备："为什么不叫你的'水'去应战呢？"

虽然军情紧迫，诸葛亮却十分轻松，如果诸葛亮也坐立不安，大家就更紧张了。这次夏侯惇来攻，该如何应对，诸葛亮胸有成竹，否则事到临头才开始着急，何以成大事？既然一个人有志于争取某个职位，就要有相应的实力，做好充分的准备，否则最好就不要去争取。诸葛亮就是如此，他下山之前就做好了充分的前期准备，下山之后认真地勘察周围的地形地貌，因此即使是第一次发号施令，也表现得驾轻就熟，非常轻松。

刘备就不一样了，他心里还是很担心，于是问诸葛亮有何应敌之策。对此，我们也不能怪他，他能够这么恭敬地把一个年仅27岁的人请下山来，已经很不简单了。此时刘备心里有些紧张，担心万一出了问题，令天下人笑话不说，又如何向两个兄弟交代呢？

诸葛亮回答说，刘备有多大胆量，自己就有多少谋略。意思就是："你相信我多少，我就做多少；你不相信我，我大不了不做，听你的也行。"刘备听完此话，做了一个很有魄力和胆识的举动——二话不说就把印信和宝剑交给了诸葛亮。这两样东西代表着最高指挥权，刘备这样做，是表示自己完全信任诸葛亮，让他号令三军，自己也听他的。这是一种很了不起的领导方式。如果还是刘备全面指挥，又何必把诸葛亮请下山呢？现在他完全授权，使得诸葛亮非常感动，觉得自己很受信任。当然，刘备心里也是苦笑："这个时候我不相信你，还能相信谁呢？”

诸葛亮有模有样地开始发号施令，关羽根本爱答不理："你这套我早就很熟了，这些天你跑来跑去根本就是张飞所讲的游山玩水，哪里是看什么地形！你这种从没打过仗的人懂什么地形？这次我怎么打是我的事，你怎么讲是你的事。"关羽虽没说出这番话，但他心里就是这种想法，所以表现出一副满不在乎的样子，使得诸葛亮不得不再次让人告诉他博望坡的地形。

张飞更是不服气，诸葛亮说什么他也不回应，甚至头都不抬一下，拿了令牌就走，赤裸裸地将自己内心想法表现出来。

刘备在一旁将关羽和张飞的表现看得一清二楚，他知道自己这时非说话不可了，于是命令所有人都要服从诸葛亮的号令，违令者斩。

这种情形，在现代的家族企业非常常见，刘备三兄弟是一家人，但诸葛亮不是。如果诸葛亮讲的话刘备三兄弟都不听，那他有天大的本事也没用，所以刘备这样做是恰到好处的。如果不是刘备及时出面调解，这次战斗肯定会一败涂地。

诸葛亮命赵云为先锋，却让他只输不赢。赵云听了一愣："打仗还有只要输的？要输也应该让别人去输，我怎么可能会输呢？"于是接着问诸葛亮是什么意思，诸葛亮说只要能引诱曹兵进来，也是功劳一件，赵云这才欣然接受。

但诸葛亮知道光靠赵云去引诱，成功的可能性也不太大，于是马上让刘备接着去当诱饵，把曹兵引诱过来，因为他的吸引力最大。刘备听了也跟部将一样"得令"，他的这一举动既树立了诸葛亮的威信，也给其他众将做了个好榜样，使他们相当佩服。

关羽高声问诸葛亮："你自己做什么？"诸葛亮直言自己只坐守县城。张飞听了大为不满。诸葛亮这么做是合理的，他也很坦然："我是军师，当然要坐守在这里，等待你们得胜回来，犒赏大家啊！"如果打仗打到需要大将军亲自拿着刀枪去拼杀，那就表示部队已经全军覆没了。同样，如果诸葛亮都要亲自上阵的话，说明刘备集团就要整个覆灭了。当然，张飞也并非笨到连这个道理都不懂，他只是想趁机发泄一下自己长久以来对诸葛亮的不满情绪而已。

诸葛亮分配完各自的任务后，问刘备是否还有疑虑，刘备说没有。但他这样说，我们相信吗？恐怕也不会全信。因为这毕竟是诸葛亮第一次统帅大军，而且面对的还是来势汹汹的曹军，刘备不可能没有疑虑。只是到了这个节骨眼上，他除了选择相信诸葛亮以外，还能怎么样呢？刘备到了这样的紧要关头依然表现得可圈可点，是一种很难得的领导风范，最后果然取得了很大的胜利。

夏侯惇在博望坡前与赵云相遇，见赵云所率兵马军容不整，轻蔑地说诸葛亮不过如此，自己此次一定能活捉刘备。军人要有军人的气概，如果夏侯惇根本不敢去打刘备，或者抱着尽力而为的态度，打得赢就打，打不赢就回来，那他根本就没有资格当军人。况且军人出战，生死谁都难料，凭的就是这股勇气而已。夏侯惇这样说并不是轻敌，而是军人应有的气概。

赵云纵马迎战夏侯惇，交战几回合后便诈败退走。夏侯惇也是久经沙场，非常有战斗经验的人，如果是平常，他看到地形那么险要，肯定知道一旦深入，遭遇火攻就会全军覆没。只是现在打起仗来，就没有时间去想那么多了。此时，一旁的将领提醒夏侯惇："他怎么跑得那么快呢？是不是想引诱我们进入峡谷中？"

就在这个时候，刘备按照诸葛亮的安排出现了。刘备这一出现，夏侯惇刚有的一点儿警觉性就全没了，抓到刘备才是他要做的事情。诸葛亮先让赵云诈败，再用刘备引诱，先后的次序安排得非常好。夏侯惇一心只想活捉刘备，结果很快就深入了峡谷中。

部将李典见山谷狭窄，树木丛生，提醒夏侯惇要防备火攻，但已经太晚了。可能有人觉得这时候赶快退出来就行了，但是事情哪会那么简单呢？一支 10 万人的大部队全挤在一个狭长的山谷里，想要全军而退也不是件容易的事。埋伏在山丘上的刘备人马一看曹军大部已进入山谷，马上把准备好的火把抛下去。曹军撤退的速度没有火势蔓延的速度那么快，最后只能是被烧得凄凄惨惨。

很多事情，当你走进局中的时候就已经来不及了，需要提前去预测才能躲得掉。否则一旦陷入险地，就毫无办法挽回了，夏侯惇就是一个很好的案例。

关羽和张飞依照诸葛亮的安排，看到峡谷中的火光后，便杀出来阻截夏侯惇。夏侯惇拼死抵抗，却只能率少数残兵逃出。关羽、张飞得胜回来，见到诸葛亮，屈膝便拜，口服心服地说道："诸葛亮真英杰也！"新野百姓，更是因为刘备获得贤士相助而欢喜万分。

空降兵并不是依赖领导的全力支持便能够发挥所长，更重要的是，上任后的前三件事必须处理得令众人满意，我们称为"新官上任三把火"。如果烧得不好，说不定烧掉自己的眉毛，惹大家笑话。诸葛亮事先准备周全，一切都在掌控之中。在轻松愉快的气氛中，完成了第一次表演，赢得了大家的掌声和信任，果然不同凡响！

火烧博望坡一战，烧得关羽和张飞心服口服。没过多久，曹操又打来了，诸葛亮便用同样的计策再烧一次，又把曹军烧得狼狈不堪，这就激怒了曹操。后来的赤壁之战中，诸葛亮又用计火烧曹营，大败曹军，令众人心服口服，刘备集团也因此空前团结。

我们很早就明白事情是大家合力做出来的道理，知道唯有群策群力，才能够把事情做大、做好。要实现有效地群策群力，必须有组织形成集团，而且要推举出领导者来领导这个集团。

中国有句话叫心想事成。如果心想还不能事成，只能怪自己。如果领导有管好团队的愿望，却没有得到良好的效果，其原因一定是在领导自己身上。中国人重视心跟心的感应，一个团队能不能团结，主要看领导者好不好。团结精神是果，合理领导才是因，不能够因果倒置。一个团队有时能够众志成城，有时是一盘散沙，关键在于怎么管理。中国历史上有"树倒猢狲散"的典故，也有"田横五百士"的壮举。到底如何做，要看领导自己的选择了。

诸葛亮以"得人心，做好人"为最高目标，坚守"深藏不露"的原则，适当地显示自己的才能，但并不贪功、邀功。他显示才能是为了让大家心服口服地凝聚在一起，彼此信任，增强信心，坚定决心。

协同合作，才更有力量

🌀 联盟就是合作，只有大家一起协同合作，组织才能更有力量。

历史告诉我们，只要领导得好，我们就精诚合作；如果领导得不好，团队就会四分五裂。中国人的个性正是这样，合起来合得很牢固，分开来也分得很彻底。

曹操的远程目标是平天下。这是我国历史上，不少有远大志向的人士所共同拥有的愿望。自官渡之战以来，曹操声势日益壮大。荀攸见刘备投奔江夏，唯恐他与东吴联盟，建议曹操邀约孙权共擒刘备，平分荆州。曹操大喜，一面遣使赴东吴；一面点齐马步水军83万，诈称100万，水陆并进，直奔东吴而来。

就在刘备到达江夏后不久，江东孙权手下的谋士鲁肃突然以吊丧为名，也来到江夏。诸葛亮一听鲁肃要过江来吊丧，马上就问刘琦，以前孙策死的时候是否曾派人过江吊丧，如果有，鲁肃此举纯属礼尚往来；如果没有，那一定是另有用意。刘琦说以前两家根本就是仇人，怎么会派人来吊丧呢？诸葛亮何等聪明，马上就知道鲁肃此番前来的用意。

诸葛亮料定孙权有联合之意，所以决定随鲁肃前往江东说服孙权共抗曹操。联吴抗曹是隆中对中的既定策略，当时诸葛亮对刘备讲，打曹操是一定打不过的，也不能去打孙权，因为灭了孙权后更无法与曹操抗衡，所以唯一的选择就是联吴抗曹。

如果诸葛亮之前直接去求孙权，效果未必会好。现在时机来了，东吴派鲁肃过来，这就有了很好的桥梁。只要搭此桥梁，就能顺理成章地见到孙权。因此，诸葛亮建议刘备让自己跟鲁肃去东吴，凭自己的三寸不烂之舌说服孙权联合抗曹。刘备也觉得这是个不错的机会，于是同意了诸葛亮的建议。一个人必须先有意愿和计划，而后才能随时抓住良机。诸葛亮正有此意，否则就算来十个鲁肃也没用。

鲁肃，字子敬，早年丧父，事母至孝。他的家产丰厚，经常散财济贫。周瑜有一次缺粮，听说鲁肃家存米六千斛，前往求助，鲁肃一口气答应借给他一半，慷慨之至。鲁肃平生喜好击剑骑射，又善于策划。孙权继承父兄大业时，周瑜郑重地把鲁肃推荐给他。孙权与鲁肃商谈军国大事，到了晚上还同榻抵足而卧，问鲁肃今后有什么目标。鲁肃认为汉室不可能复兴，曹操也不可能完全被消灭，最好是先剿除黄祖，进伐刘表，据守长江险要，以图天下。孙权大喜，一切照鲁肃的计划而行。接着，鲁肃推荐博学多才的诸葛瑾，也就是诸葛亮的兄长，孙权拜之为上宾。这样孙权就组成了坚强的核心团队，得以与曹操争天下，建立帝业。

鲁肃和诸葛亮，具有北定中原的共同理想，所以一见如故，十分投机。两人也有不同之处，鲁肃料定曹操必然篡位，汉室不保，所以鼓励孙权自己称帝，以统一天下；诸葛亮则心存汉室，因此看重刘备的皇亲血统，希望他以荆、益两州为基地，北伐中原。两人的观念大同小异，却有一个牢不可破的共同点，便是联合抗曹。

诸葛亮来到东吴，不免与群儒舌战一番。自古文人相轻，武将更是不肯轻易认输，对诸葛亮如此盛名，群儒当然心中不服。诸葛亮面对众人，有问必答，而且声势惊人。他事前对每个人已有深入了解，自然能够应付自如。

诸葛亮针对孙权爱面子的个性，不顾鲁肃的劝阻，夸大曹军的阵容。一方面建议孙权归顺曹操，一方面陈述刘备不降的坚定决心。孙权很不高兴，向鲁肃抱怨"诸葛亮欺吾太甚"。鲁肃认为诸葛亮是故意以言辞相激，实际上有良好的策略，于是孙权赶快再请诸葛亮叙话，虚心请教。诸葛亮用同样的态度来刺激周瑜，促使周瑜主战，加强孙权的信心。

诸葛亮联吴抗曹的策略获得孙权的支持，当然是对刘备最有利的方式。周瑜知道诸葛亮的大才，请诸葛瑾劝告兄弟离开刘备，到东吴共同效力。诸葛亮不肯，周瑜心生恨意，存心要杀诸葛亮。嫉妒心的可怕，在周瑜身上表现得格外强烈。孙权受到周瑜的影响，势必不利于刘备和诸葛亮。

所以，联盟就是合作，只有大家一起协同合作，组织才能更有力量。在一个行业内，如果只是依靠一个企业自身的力量将行业链条上游、中游、下游的事情全部做完是不太现实的，这样做不仅对资源和管理能力提出了非常高的要求，同时也容易造成顾此失彼的状况。所以要大带中、中带小，分中有合，表面上是分，本质上是合。

有人曾经大力主张中小企业要设法加以合并，组成大企业以增强竞争力。然而事实证明，面对 21 世纪快速变化的环境，企业规模越大，应变能力反而较差，其弹性远不如中小企业好。

小企业有小企业的好处，那就是船小好掉头。有的国家提倡发展大企业，有的国家主张发展中小企业。大企业发展得时好时坏，因为环境变动时不好调整；而相较于大企业，中小企业在环境发生变化时的调整速度更快。因此，大中小企业按比例存在，整个市场才会均衡协调发展。

现代企业之间的关系就如同春秋战国时期国与国的关系一样，大企业相当于大国，小企业相当于小国。无论大国还是小国，都因利益而结盟，也会因利益而打仗，就像现在的大小企业随时合作、随时竞争一样。

几乎每个行业都有几家实力相当的大企业，如柯达与富士、可口可乐与百事可乐等。这些实力雄厚的大企业，真要斗得你死我活，势必两败俱伤，有几个与之对抗的竞争对手未尝不是好事。大家相互竞争，相互学习，时不时地碰撞出一些火花，才能共同发展，才能吸引消费者的眼球。不然的话，一家企业独大，掀不起任何波澜，久而久之，公众就会将其淡忘。

竞争对手从另一个角度说，也是你的老师，我们应该善于向敌人学习。司马懿的老师就是诸葛亮，每打一次仗，司马懿就从诸葛亮那里学到很多东西，还不用交学费。司马懿最大的长处就是承认"我不如你"，他活了 76 岁；周瑜就没有这种度量，结果 36 岁就死了。一个人只要承认你不如人家，你就达到海阔天空的境界；总想着"我一定要把你干掉"，最后对方安然无恙，而你只能黯然离场。

幸好，现在的大企业都看清了这一点，所以尝试强强联合，即互相看好的大企业进行合并，以生成实力更大的企业。但是，不同的大企业合并之后，因制度、文化的差异，产生了种种问题，很不容易克服。因而，合并不如合作，结为秦晋之好更适合大企业的发展。

一些大企业也不断地收购小企业，以壮大自己的生产线。其实对于大企业来讲，专注于自己的几项重点产品，不要大小通吃，更有利于自身的发展。什么产品都想生产，产品线越多，风险越大，正如一个人长得太高、太胖的时候，动作就会不灵活一样。

大企业带领中小企业发展，有钱大家赚，这种观念更符合中国人的想法。大家分工合作，整体配合，共担风险，每个人都专心地做好自己分内的事，这样才能迅速发展。

小企业一般实力较弱，无力与大企业相抗衡，他们多依附于大企业，通过生产一些周边产品或生产有特色的产品来赢得市场。小企业之间竞争也十分激烈，几乎每天都有小企业倒闭，也有小企业诞生。小企业由于生存能力相对较弱，更应该互相扶持，共渡难关。

西方思想的主流是"二分法"，而中国人则对"分"与"合"有着独到的理解和认识。作为中国式团队的领导者，不应该把自己企业里面的人才视为"内人"，把企业以外的叫作"外人"，这始终是"分"的观念。应该通过"内部的外人"和"外部的内人"来实现内外的沟通，形式上虽然是不同的企业，实际上却是同一个团队，随时可分，随时可合。这样，分中有合，合中有分，既保持灵活性又便于调整。

必须提醒的是，每个企业都有其局限性，必须同心协力、通力合作才能求全。有心求全，心理上就要先有"委曲"的准备。联盟合作的对象，就算理念十分相近，但是毕竟各有各的立场，各有各的苦衷，难免有不协调、不配合的现象，若是不能保持"委曲求全"的心态，哪里有长久合作的可能？每个人退让一步，站在对方的立场来思考，凡事将心比心，以设身处地的态度好好商量，才能够达到长久合作的目的。

核心企业在刚开始管理外部团队时，要一视同仁，但在一视同仁的同时，要考验每一个团队成员，实现差别对待。至于如何差别，不是由主观决定的，而是要经过多方面的考量。表现好的可以给予一定的优惠政策；表现不好的就要督促其改善；有异心的，要对其多加防范。外部团队都是各自独立的组织，有着自己的利益出发点，基本上是合则留，不合则去。在考核外部团队时，应更加小心，以免引起不必要的麻烦。

核心企业必须用智慧、爱心和耐心来开导、教导、协助其外部团队的成员，使他们心甘情愿地承担有能力担当且适宜担当的责任，这不是容易完成的任务。首先要把现有、将要发生及计划中期待产生的工作分门别类，做好通盘性分配，以求其顺利有效地进行。把所有外部团队的成员，都看成"外部的内人"，以"一家人"的心态来征求其意见。如果有必要变更或临时变化，必须获得众人的同意或谅解。

核心企业要对外部团队的成员"以大事小"，而外部团队要对核心企业"以小敬大"，各自委曲，才能求全。善用中国人的"以让代争"，柔中带刚，彼此为实现共同目标，各自机动调整，权宜应变，自然获得整体的和谐。

总之，与外部团队建立密切的合作关系，要把握"度"，既强调"众人平等"，又合理地融入"亲疏有别"。对外部团队不能随便地建立起高度的信任，因为这样做风险很大，而应该通过不断的考验来确定其可以信任和合作的层次，根据实际情况来区别对待。如果能够构建出大同小异的氛围，即可以视之为成功的团队。

从大局出发，不要只看眼前利益

> 无论做什么事情，一定要从大局出发，不要只看眼前
> 利益。

荀子说："夫道者，体常而尽变，一隅不足以举之。"一个角落不能代表全体，所以领导者要为自己树立整体观，不能强调某一种导向，以免走入一隅。无论做什么事情，一定要从大局出发，不要只看眼前利益。

诸葛亮的大局观非常值得后人借鉴。

赤壁之战中，曹操惨败而逃。刘备这边，诸葛亮调兵遣将，只有关羽没有任务，这让关羽非常不高兴。武将的天职就是上战场厮杀，不让武将上战场，无异于不让文人写文章，不让艺人唱歌，不让球员出场踢球，这当然是很痛苦的事。

关羽精神抖擞地准备接受任务，想要好好地表现一番，结果诸葛亮给其他众将都分配了任务，唯独落下了自己，他能不急吗？可他又不能直接怒责诸葛亮，于是颇带委屈地问，为什么唯独自己没有任务。诸葛亮就是想利用关羽的弱点，迫使关羽主动来争取任务，这样才能跟他讨价还价。所谓"请将不如激将"，激一下，才有机会讨价还价，做更多的文章。诸葛亮所用的正是这一招。

诸葛亮对他说，有一项任务本想让他去的，可是事关重大，所以

自己有些顾虑。关羽问诸葛亮顾虑何在。诸葛亮说自己想让他去守曹操必经的华容道，可是又知道曹操曾经对关羽不薄，所以怕关羽念旧情会放曹操一马。关羽怪诸葛亮多心，说他绝不会放过曹操。

关羽理直气壮地说："欠曹操的人情已经还了，再见就是敌人。"诸葛亮等的就是这句话，于是赶紧趁热打铁让关羽立下军令状。诸葛亮没让其他将领立军令状，唯独让关羽心甘情愿地写下了，可见这其中必然另有文章。

刘备对诸葛亮说，关羽可能会放了曹操。刘备这不是不相信关羽，而是百分之百地相信关羽。就是因为他太了解关羽了，知道关羽最重义气，到时候碰到曹操，肯定下不了手。况且曹操能笑也能哭，能屈也能伸，为了保命，难免会用尽各种手段，而关羽这么重义气，一想起曹操曾经对自己的好，怎么可能下得了手呢?

诸葛亮说自己是有意如此安排的，因为目前三足鼎立的形势还未形成，所以曹操不该死。

赤壁一战，曹操败逃。诸葛亮安排了几路人马拦截曹操，在最后一关华容道上关羽念及往日旧情放过了曹操。说曹操命不该绝，完全是站在无形无迹的立场来看的。若是采取有形有迹的观点，那就是这个时候还不能让曹操死掉。因为在这种曹军惨败、孙吴得意扬扬的关键时刻，让曹操死在关羽手中，曹操的部属一定会把矛头对准刘备，说不定会和孙权联合起来，那样刘备就危险了。

因此，站在刘备的立场，绝对不能在这种特殊的情况下杀死曹操。诸葛亮故意不派赵云或张飞去守华容道，就是因为曹操如果落在这两位大将手中非死不可，那就不妙了。

曹操在关羽得知刘备下落后坚决要离他而去的时候，心里也着实挣扎了一阵子。他反复思索，不让关羽离开吧，以关羽的神勇，简直做不到；让关羽离开吧，又实在不情愿。所以他避而不见，故意不给关羽发通行证，使关羽只能过五关斩六将，欠下曹操很大的人情。最后曹操还指派张辽劝退了夏侯惇，送了一个大人情给关羽。曹操何尝不知道，按照这种情况发展下去，自己难免有一天要栽在关羽手中，所以趁早让关羽欠下自己人情，将来必要时，说不定能够救自己一命。曹操和诸葛亮对关羽都十分了解，可以说两人合演了一出华容道大戏，使关羽有情有义地表现了一番。

关羽当然要放走曹操，否则大家对他的忠义就不会那么推崇了。对刘备忠心是一回事，还曹操人情也是合乎义理的表现。何况如果关羽一刀砍下曹操的首级，接下来诸葛亮就必须承担刘备败亡的重大责任。三国演义这场戏，势必提早结束。刘备的壮志，诸葛亮下山，都将会毫无意义。无论有形迹、无形迹，关羽这一次放走曹操，都合乎道义。

许多人看到这里，都替关羽惋惜，认为他失去了灭曹的大好时机。其实，就因为他放过了曹操，他才很了不起，这绝不是妇人之仁，而是从大局出发——曹操杀不得。站在刘备的立场，绝对不能在这种特殊的情况下杀死曹操。如果那时把曹操杀了，刘备也就没有前途了，孙权会把曹操的人马收编过来，顺便把刘备也灭掉。所以那个时候，是不能让曹操死的。

很多事情要全盘思考，从大局来衡量，想得长远一些。现在很多人只看到眼前利益，看不见大局，不知相互制衡才能彼此生存的道理，这是多么危险的思想。人人都是活在世俗之中，会困扰于远近利益很正常。已知现在去工作可以直接拿工资，读书出来却未必能找到工作，自然会有人放弃读书，直接工作。即使是知道读书后拿到的工资会更高，也同样会做出一样的选择。

未来必然是有风险的，冒着走向未来的风险，选择眼前的利益，是正常的趋利避害心理。但是如果眼里只看到眼前的蝇头小利，又有什么前途呢？所以，做人一定要大气一些，眼光放长远一些。

老子在《道德经》中开篇有言："道可道，非常道。"道是对应着时在变的，而且有"常道"，就有"非常道"，我们所看到的往往都是"非常道"。"常道"在人脑海里，是看不见的。如果一个领导连"常道"都没有，也看不清时局的变化，就和基层员工一样，整天坐在那里，那就叫随着潮流起伏，是没什么了不起的。事实上，一个领导赶不上时代的潮流，摸不清时局的脉搏，是不能进步的；而如果一个领导者只会随波逐流，那他早晚也会被时代淘汰。

"道"字就好比一个大局，一时间很难看清楚。在时代潮流中，领导者一方面要顺应市场，应对万变；另一方面也要根据变幻莫测的时局，开拓新局面。因此，看清大道时局的必然规律，顺时而动，随需而变，做出正确的分析和决策，是领导者必不可少的大局观念。

諸葛亮的人生智慧

柒

有智而气和，斯为大智

生而为人，当有君子之行

🌀 我们每个人还是要立志做君子，因为这是生而为人的
重要意义所在。

在历来的文化传统中，君子一直是我们中国人效法的道德典范和
榜样，人人都敬仰君子，人人都想成为君子。

上天赋予人类三种特性，即创造性、自主性和局限性。这就告诉
我们，人类有辅助的责任，使天地能够顺利运转，使民生能够均衡发
展，大家共享安乐，天下太平。但是这个过程中，君子要承担更多的
责任，发挥更大的榜样力量和参考力量。

孔子说："其身正，不令而行；其身不正，虽令不从。"我们现
在讲的上梁正了下梁就不会歪，也是这个道理。君子，是社会风气的
引导者，是人们效法的楷模，其身就要正。别人可以歪，而君子不可
以。别人歪一点儿没有关系，君子歪了就糟糕了。发挥个人的参考力
量是君子的责任，最终的结果也要君子自己承受。

唐太宗主要的政绩之一就是开创了"贞观之治"的盛世局面，靠
谁？靠魏徵。为什么魏徵会千古留名？就是因为这种人很少见，他冒
着很大的风险，比谁都辛苦。别的大臣可以跟唐太宗处得很好，有说
有笑，他就要板着脸，那是冒着生命危险的。

但这是他的责任，也是他自己愿意承受的——"既然老天给我这

样的脑筋，给我这样的责任，该讲的我就要讲，就算死了我也没有怨言，也不会遗憾"。这才叫作君子。

事实上，做君子要有相当的智慧和胸怀，是相当困难的。但即使如此，我们每个人还是要立志做君子，因为这是生而为人的重要意义所在。

诸葛亮在《诫子书》中说："君子之行，静以修身，俭以养德，非淡泊无以明智，非宁静无以致远。"意思是，君子的行为以宁静来修缮自身，以俭朴来淳养美德，对名利如果不采取淡泊的态度就无从使志向清白，不排除外在干扰就不能前进并达到远大目标。

诸葛亮不光是这么说的，在他的一生之中，他也时刻在践行，做出了数不胜数的君子之行，是一个不折不扣的君子。因为刘备的知遇之恩，诸葛亮把自己的大半人生都奉献给了刘备复兴汉室的理想。自追随刘备后，他一直忠心耿耿，兢兢业业，为创立蜀汉基业殚精竭虑，义无反顾。从初出茅庐开始，占荆州、攻长沙、克南郡、取西川，帮助刘备在成都称帝，形成天下三分的局面。

刘备去世后，从白帝城托孤到秋风五丈原，在 12 年的时间里，诸葛亮一直勉力支撑蜀汉政局，日理万机，鞠躬尽瘁，为实现兴复汉室的目标不懈努力。平定南方之后，他亲率大军北伐，临行呈上著名的《出师表》，对后主谆谆告诫，并慨然表示北定中原，兴复汉室，还于旧都是他"所以报先帝而忠陛下之职分"。

在外有强敌、内有弱主的艰难形势下，他以极大的智慧和毅力，做出了非凡的业绩。直到最后一次北伐，他因积劳成疾，吐血不止，自知生命垂危，首先想到的仍然是蜀军的安危和蜀汉的存亡，仔细安排退军部署，推荐自己的接班人，还"强支病体，令左右扶上小车，出寨遍观各营"。

在最后一次巡视军营中，他怀着无限的遗憾长叹道："再不能临阵讨贼矣！悠悠苍天，曷其有极！"

诸葛亮虽然地位显赫，平时生活却十分俭朴，以一国之相做到"蓄财无余，妾无副服"。诸葛亮病重期间，向刘禅呈上一份关于家庭经济状况的奏表，"臣初奉先帝，资仰于官，不自治生。今成都有桑八百株，薄田十五顷，子弟衣食，自有余饶。至于臣在外任，无别调度，随身衣食，悉仰于官，不别治生，以长尺寸。若臣死之日，不使内有余帛，外有赢财，以负陛下"，足以说明他为官廉洁。

他不但严格要求自己，对子女也是如此。诸葛亮对子女不娇不纵，从小处着眼，励以忠贞大节。"勿以善小而不为，勿以恶小而为之"，是他对子女的严格要求。此外，《诫子书》《又诫子书》《诫外甥书》是诸葛亮在如何对待学习和如何做人等方面对晚辈的严格要求，也是他一生勤于治学、严于律己的经验之谈。诸葛亮的严格教育深深影响了他的后代，他的子女后来都淡泊名利，忠心报国，为国家社稷做出贡献，始终沿袭着诸葛一门的良好家风。

淡泊明志，宁静致远，鞠躬尽瘁，死而后已，这就是诸葛亮。他的一言一行，一举一动，都值得我们学习。他是历史上不多见的一位典范，也将永远活在我们心中。

那么，我们应当怎么做，才能成为君子呢？

第一，君子要求同存异。

每个人生长的环境不一样，人生观、价值观也不相同。我们不可能要求大家完全相同，这不但不可能，而且完全没有必要，我们要知道存异才能求同。

一个人要做到求同存异，心胸一定要很宽广。肚子里面有是非，而表现出来的是最大的包容性，这才是君子。因为天下很广，不能只顾自己。恃才傲物，自己端君子架子，不理别人，眼睛里面只有自己，那样的君子是很孤单的。

第二，君子要广结善缘。

你第一眼见到一个人，就认定他是小人，那就会把他逼成小人；你把他当成君子看，他会不好意思，会努力表现好，慢慢就变成君子了。君子只能感化小人，不能用威胁的手段，不能用利诱的方法，否则都是不长久的。

孔子就曾说："君子周而不比，小人比而不周。"意思是说作为一个真君子，一定要有包容之心，广结善缘，切勿结党营私。只有重视中庸之道，才能吸引更多志同道合的人，成为君子中的骨干力量。

因此，要接纳一个人的优点；也要接纳他的缺点。因为人本来就有优点和缺点，个性发挥得好，就是优点；个性发挥得不好，就是缺点，其实就是一体两面。刚毅果断是阳的本性，但是柔而宽大是阴位应有的处世原则。

第三，君子要一视同仁。

一视同仁，要求每个人心中都要有正心，能够去掉自己的成见，把私人的恩怨摆一边，为共同的目标而努力。把大家相同的部分归纳起来，不同的部分彼此各让一步，自然而然地大家的看法就很接近了。

实际上，任何困难我们都可以克服，因为有宽广的心胸，有锐利的眼光，有良好的修养，这样事情就比较容易办成，困难就可以共同来化解，就能实现一视同仁的效果，自然能达到亨通。

有句话叫"天下之志"，就是说天下有这么多人，每个人的个性都不太一样，大家对此都很清楚，也就是个别差异。十个人就有十种不同的看法，一百个人有一百种不同的特性，在这种状况之下，要使大家同心协力，唯一的办法就是每一个人都牺牲一点。大家都站在公共的利益上来考虑，这就叫作"通天下之志"。

"唯君子为能通天下之志"，就是说只有君子的所作所为，才能够促进天下为公，世界大同。

第四，君子不器。

子曰："君子不器。"意思就是说作为一个君子，不能把自己固定下来，你要随时改变、与时俱进。你有时候是这样，有时候是那样，你才有弹性，才能适应各种不同的情况。我们中国人赞美一个人时常常会说："这个人不得了，有两把刷子。"两把刷子就是一阴一阳之谓道，而且这两把刷子还不能固定，因为君子不器，你不能固定下来，一旦固定下来你就没有弹性了。

孔子在历史上的地位是很特殊的，他被称为"圣之时者"。因为他最懂得什么叫时间，他最知道时间就像水一样地流，永远不停息。

而且一旦消失了以后，就没有办法回头，而且永远不回头。孔子告诉我们，"时"最重要，哪怕你是龙，哪怕你一切条件都很好，你也不能说："我就是这个样子，我要一路走到底。"该潜就潜，该跃就跃，该停就停，该看就看，你就很愉快了。

这句话后来逐渐演变成大家都熟悉的一个词——能屈能伸，作为一个人，一定要能屈能伸。目前情况对我不利，我就委屈一点，不要呒气；对我有利的时候我就呒气，呒气的时候我也要小心。人家要打击我了，我很多话就要小心谨慎地说，不敢说得太满，说话说得太满，不一定有好的结果。

人一开始有成功的感觉，就会开始自满；人一旦自满，讲话就会伤人；伤人的话很快会传出去，最后伤害自己。我想太多人吃过这个方面的亏，只是他不知道，他不知道为什么会这样子。我们要警惕、警惕，白天晚上都要警惕，那这样不是紧张兮兮吗？不是，警惕是再充实、再准备。

第五，君子要同心同德。

比如，中国人吃饭时习惯用筷子，而外国人比较习惯用刀叉。所以，当中国人与外国人在一起的时候，习惯用刀叉的就用刀叉，习惯用筷子的就用筷子，互相尊重，大家就会比较容易和平相处。要求所有人都使用筷子或刀叉，就会有很多人没有办法适应，这又何必呢？

人与人之间需要加强沟通，互相尊重，彼此了解，多多交流以后就会发现，原来大家只是大同小异而已，那就很容易磨合，世界大同、和平发展就比较容易实现。

只要大家长期磨合，彼此没有敌意，自然而然就会合在一起。从这个角度我们还会发现，人与人如果要大同的话，就不能要求太多，不能凡事都苛求。

我们尊重每个人不同的性格、不同的表现，彼此谅解，彼此包容。大家一起诚心诚意互相勉励，提升自己的品德修养，这就是同心同德。

世界之大，每个人的需求和做法都不甚相同，我们只有求同存异，和而不同。全世界的主旨其实只有一句话，叫作万众一心——这才是大家共同的意愿。然后在这个基础上彼此磨合，互相尊重，彼此成就，一起创造出合乐的氛围，这才是君子的责任和最高意义所在。

做人不计较，格局决定结局

🍃 做人，输在计较，赢在格局，格局决定结局。

有这样一则寓言小故事：森林里的百兽之王狮子正在午睡的时候，耳边响起了嗡嗡声，原来是一只惹人讨厌的蚊子飞到了它的附近。狮子咆哮着说自己是百兽之王，如何如何强大。蚊子却说自己不怕狮子，对着狮子进行叮咬。狮子反击，把自己的脸都抓破了，都没能伤及蚊子丝毫。最后，狮子完败，只能向蚊子投降。

故事中，狮子经不住蚊子的挑衅和刺激，咆哮不断。结果不但没打死蚊子，还把自己的脸抓伤了。其实，狮子完全不用理会蚊子，养精蓄锐，只需一心猎捕就好了。即使被蚊子叮几口，又能怎样？吃点小亏，隐忍一时，不计较，都是为了自己更大的目标。这就是格局。

有句话说，做人，输在计较，赢在格局，格局决定结局。我们只要把自己的胸怀、格局放大，做任何事情为整体考虑，你就很容易成功。

姜太公当年协助武王伐纣，后来封神，他的师弟原本是他的对手，最后也封了神。姜太公说："天下是天下人的天下，我姜尚的个人得失又算什么呢？"公道自在人心，老百姓不会忘了他。

再来看诸葛亮下山，也是因为有大格局。

刘备三顾茅庐请诸葛亮下山，诸葛亮开始怎么都不肯答应。刘备一句话把诸葛亮说动了："先生若不下山，天下苍生怎么办？"诸葛亮感动得快落泪了。

心系天下，还有什么样的人才不唯你马首是瞻呢？于是，才有了后来诸葛亮帮助刘备建立蜀汉，形成三足鼎立之势，后又辅佐刘禅，做出六出祁山北伐中原的壮举。明知不可为而为之，鞠躬尽瘁，死而后已，实在是可歌可泣。

古往今来，凡成大事者，必有大格局，格局决定成败。我们不难发现，格局大的人，都不计私利、小利，而是海纳百川，站高望远，专注自己的信仰，终成所愿。

而一个人的格局来自他的气量，"将军额上能跑马，宰相肚里能撑船"，一个人的气量有多大，格局就有多大，就能拥有多大的事业。反之，一个人的气量小，格局始终不可能大。一说到"气量"，大家很容易想到周瑜。《三国演义》中，东吴大都督周瑜不仅十分有才华，还具有王佐之资，文韬武略样样精通，极得东吴统治者孙权的器重。但就是这么一个近乎完美的人，却因气量太小，嫉妒贤能，36岁时被诸葛亮活活气死，留下了"既生瑜，何生亮"的长叹。

与周瑜同时期的曹操，其气量却着实让人佩服。官渡之战，尽管袁军数倍于曹军，但曹操还是凭借善于纳谏、用兵得当，打赢了这场硬仗。清点战利品时，曹军发现很多封部将私通袁绍的书信。就在大家都以为曹操会对背叛者下狠手的时候，没想到，曹操却下令把这些信都烧了，并说了一段话："当绍之强，孤犹不能自保，而况众人乎！"意思是，袁绍兵力远胜于我，连我自己都不确定能不能自保，何况跟随我的众人呢？

曹操这种大人大量、既往不咎的做法，既让私通袁绍的部将惭愧不已、感恩戴德，又让士兵看到了曹操的宽宏大度，于是更加坚定了这些人效忠的决心，军中士气更盛。

泰山不让土壤，故能成其大；河海不择细流，故能就其深。做人有大气量，为人处世豁达大度，待人处事宽厚仁慈，这样才有大格局，才能建立良好的人际关系，赢得人们的尊重和佩服，受人拥戴。心胸狭窄，小肚鸡肠，不能容人容事的人，必将是孤家寡人。

不想成为孤家寡人的人，要在以下三方面修炼自己的气量，提高自己的格局。

第一，对他人的过错要大度。

"不责人小过，不发人隐私，不念人旧恶，三者可以养德，亦可以远害。"人非圣贤，孰能无过，对别人的小过失和小错误不要斤斤计较。指责、批评只会让别人心生怨念；而鼓励帮助、共担责任等做法，反而会让人心生愧疚，被你征服。

第二，对贤才能人要大度。

"海纳百川，有容乃大"，优秀的人不是你的敌人，无论对方是你的下属还是你的对手，他越优秀，你才会更优秀。

第三，做人大方，善于分享。

"爱人者，人恒爱之；敬人者，人恒敬之。"做人要大方，与人方便，自己方便。当你取得成就或成果时，要善于分享，而不是独享。能共苦更能同甘的人，才能赢得更多人的信赖和拥护。

　　总之，做人做事首重格局。只要方向不错，到达心中的彼岸就只是时间问题。时到了，一切自然水到渠成。狮子和蚊子实力悬殊，强大却被弱小击败。这就像我们为人处世，很多胜败的因素，都藏在我们熟视无睹的细节里，不正确对待，事到临头，就会乱了分寸。打败我们的，只是我们自己而已。

　　做人不计较，赢在格局，是我们需要谨记的道理，更要身体力行，做出成效。一切还需靠自己，不惧世事磨炼，持续修身养性，才能成为一个真正强大的人。

领导就是被领导，被领导就是领导

> 一件事，你看它是好事，它对你来说就是好事；你看它是坏事，它对你来说就一定是坏事。一切都取决于你的态度。

诸葛亮最了不起的地方就是被领导的领导艺术，这是值得我们学习的。我们一直把领导和被领导区别开来，只有诸葛亮达到了"领导就是被领导，被领导就是领导"的高超的艺术境界。这是他的大智慧的一个极其重要的体现。

仔细想一想，到底谁在领导谁？比如，你叫一辆出租车，你举手就把车拦住了，表面上看起来是你在领导司机，可是坐上车以后，谁在领导谁？司机在领导你。你坐上去，司机问："你要去哪里？"你说："我要到某某商场。"他就问你要怎么走，你怎么回答，他就选择哪条路线。如果你说："我也不知道，反正只要能到那里就好了。"这样你就要完全听从司机的指挥了。

有一次，我要坐出租车去一个地方，我拦下出租车，问司机："那个地方你知道吗？"司机说："知道，去过几十次了。"于是，我就放心地坐上车，结果他绕了好久的路也找不到目的地，我说："你不是很熟吗？"他说："我当然熟，但这个地方变得太快了，和我之前来的时候都不一样了。"我虽然不相信他的说辞，但也说不过他，最后费了很大劲儿才终于找到目的地。

到底是刘备在领导徐庶，还是徐庶在领导刘备？徐庶后来被曹操骗回去以后，又被派来查探刘备阵营中有什么变化，徐庶有机会重回刘备的阵营，他大可以留下来，但是他没有，为什么？因为他是个聪明人，他很了解刘备。刘备是个死心眼儿的人，他没有办法同时重用很多能干的人，庞统来投时，他根本不当一回事。后来出现了法正，他就分心了，跟诸葛亮的关系好像有点儿生疏了。此时，徐庶在领导刘备，领导他好好去找诸葛亮。

从这里可以看出，徐庶是个了不起的人，因为一般人得到这个机会的话，就不会向领导引荐自己的好朋友，因为怕朋友抢了自己的光彩。但徐庶告诉刘备："你去找诸葛亮，他比我还能干。"我们现在很少碰到这么谦虚而且度量很大的人。

其实，从《三国演义》中我们可以读出，当时的人都重视美德，他们是靠美德来支撑自己的生命，而我们现在有些人是为了钱放弃了美德。最近，在一些考核、考试中，我们都把品德这一栏取消了，这是很糟糕的，有些人现在什么都不缺，只缺良心。有些人穷得只剩下了钱，或者可以说，他们富有得没有良心，这两句话是相对的，可以写成一个对联挂在门上，警醒世人。

三顾茅庐是"被领导就是领导"的经典例证。其实，在当时有很多像诸葛亮这样稍有名气的人。我一再强调，时时刻刻都有很多诸葛亮，但是有谁能够像诸葛亮一样，在最短的时间内把最精要的东西说出来？一般人都是在那儿胡扯，等客人走了才发觉要紧的话还没来得及说。要记住，人生是很短促的，机会是很难得的，而且机会稍纵即逝，一旦失去，我们可能就永远找不回来了。

诸葛亮最了不起的就是实事求是，他没有在那里说一些无关痛痒的客套话，没有浪费时间。

隆中对也不是诸葛亮的专利。一个人特别出众，是没有办法在实践中施展拳脚的，因为曲高一定和寡，幸好鲁肃帮助诸葛亮促成东吴联盟的形成。鲁肃一看曹操要攻打过来了，就替孙权着急，对孙权说："我们单独和曹操正面交锋，肯定会输的，不如我们去联合刘备，这样胜算比较大。"诸葛亮本来计划要求救于孙吴，突然间发现鲁肃自己过来了，但是鲁肃没有开门见山地说我来干什么，他是假借吊丧之名来探听诸葛亮的虚实，要求两军联合起来才是鲁肃的真正意图。对这一切心知肚明的诸葛亮却假装不懂，假装不知道。

所谓领导就是被领导的意思是，与其自己当领导，不如假装成被人家领导，反而可能会更愉快、更顺利。一个人该主动的时候要主动，能够被动时就尽量被动。

鲁肃被《三国演义》描述得好像有点儿愚笨，其实不然，他是个聪明的人，聪明到会装笨的人，这才是真正聪明的人，而聪明到被人家一看就知道很聪明的人，其实并不聪明，那叫精明。老子推崇的"大智若愚，大巧若拙，大音希声，大象无形"说的就是这个道理。凡是聪明外露，一眼就让人看出来很聪明的人，那是最吃亏的。

其实，周瑜、鲁肃和诸葛亮都有同样的看法，也就是三角形的两边加起来一定大于斜边。他们唯一的出路就是孙权跟刘备联合起来共同对抗曹操。当时很多人都知道这一点，不是只有诸葛亮一个人知道，只不过刘备是第一次听到，他从来没有听其他人说起过，这就叫作因缘，要珍惜。刘备听不听得懂，是刘备自己的福分，但如果刘备连这个话都听不懂，那我想诸葛亮也不值得下山了，他也不会下山。

所以，作为一个领导，你说的话没有必要让每个人都懂，古人写书是写给看得懂的人的，不是写给看不懂的人的。我们阅读古人的经典文章，读一遍是无法完全懂的，因为我们必须拥有相关的阅历和体验才能参透书中的某些道理，而且古人写作偏爱意犹未尽，留下很多的空白让我们去领悟。

如果什么事情写得大家看了就懂，那就没有弹性应变的可能性，那就是科学，而不是艺术了。相反，西方的文化崇尚科学，西方的书也就写得大家都能以最快的速度看懂，所以它就比较缺少弹性。中国人说话、做事、写文章会留下很多空白，留下很大的弹性，我们才可以随时应变。

领导，领导于无形，这个在现在就叫作"向上管理"。大家都知道英文有句话叫"How to handle your boss"，即怎样去领导你的老板。向上管理，必须是无形的，让领导在不知不觉之中接受你的领导，而不是你摆明了要去领导他。诸葛亮就是这样不知不觉地领导了所有的人，他甚至领导了曹操，领导了孙权。

诸葛亮的影响力是无限地扩大的，这是一般人做不到的。诸葛亮进入刘备集团的时候，刘备并没有给他安排什么职务，这是刘备很谨慎的地方，也有来自关羽跟张飞的压力，所以他只是刘备的私人顾问而已，后来当他有好的表现时刘备才正式称他为军师，这也是目前我们可以学习的招数。我作为董事长，看中谁，就先请他来当自己的私人顾问，然后看看他有什么好的表现，如果大家都能接受他，才给他一个大家都认为很合适的职位，这才顺理成章。

刘表有两个孩子，他们为了权力和利益，长期以来明争暗斗。当时，长子刘琦的势力处于弱势，他就来求刘备："我的继母跟他们一家人都想置我于死地，你要救我。"刘备说："这是你们的家务事，我不能管。"但是刘备也很高明，他说："你请教诸葛亮好了。"因为他知道诸葛亮有能力应付这些人，诸葛亮也说："这是你的家务事，我不能管。"

被拒绝之后，刘琦开始动脑筋了，"你不方便，我要让你方便"。刘琦就请诸葛亮到二楼，让随从把楼梯撤走。他们两个人，现在上不着天，下不着地，根本不可能有第三者能听到他们的谈话内容。刘琦说："现在你可以告诉我怎么办了。"诸葛亮还是没有说，只告诉他一个故事，暗示他："你出走就有机会卷土重来，留在家就只有死路一条。"刘琦是个聪明人，他听懂了诸葛亮的意思，是让自己先去江夏，将来刘备无路可走的时候就去投奔他。

诸葛亮非常巧妙地把刘备的后路给安排好，然后才来问刘备怎么办，刘备当然是一筹莫展，诸葛亮就告诉他那边已经有条路了。大家想，这么好的一个幕僚长，刘备怎么会不服他呢？不要要求一个人服你，要做到他对你没有话说。"没有话说"这四个字是非常重要的，老板做到干部没有话说，干部做到老板没有话说，那还有什么话说？那就真的没话说了。

柒
有智而气和，斯为大智

　　曹操攻打荆州的时候，刘表去世了，他的小儿子刘琮就投降了。当时，刘备被打得溃不成军，他唯一的出路就是去投靠刘琦，然后鲁肃游说他和东吴联盟，一起去对抗曹操，联手演绎了非常有名的赤壁之战。

　　纵观刘备的一生，大家有没有发现刘备最大的恩人是谁？是曹操。没有曹操，刘备什么都没有，但刘备专门攻打曹操。这是一个非常有意思的事情。如果刘备没有得到曹操的引荐，怎么能当上皇叔？在刘备走投无路的时候，曹操开始来攻打江南，这才促使了孙刘联盟的形成，刘备因此得到了荆州。后来，也是因为曹操要攻打汉中，刘备才得到入川的机会。刘备一生中所有的机会都是曹操给的，但刘备专门攻打曹操一个人，这就非常有意思，值得我们去思考。因为这当中有一只无形的手在操纵这些事情，我们只看到表象是很难了解实质的。

　　刘备没有碰到诸葛亮以前，他是没有明确的目标的，他不像曹操，曹操有明确的目标，曹操是不是要自立为王？我相信大家都心知肚明。可是刘备呢？如果刘备的目标是灭曹复汉，那他就应该锁定曹操，一门心思地打败曹操，他有没有这样做呢？有，但是他的定位错了，因为刘备现阶段不是曹操的对手，如果他始终盯着这个目标，那他就痛苦一辈子，而且终将一事无成，甚至可能很快就被曹操消灭掉。如果刘备像孙权一样割据称雄呢？孙权缺乏远大的理想，这是非常可惜的。虽然他也有机会做出更大的业绩，但是他遇到的人都建议他防守，守住就好。

　　于是，刘备只剩下一条路，那他敢不敢自立建国呢？他不敢，这一点我们必须说明一下，当时他自立建国成功的希望非常小，可是刘备碰到诸葛亮以后，他的思想发生了翻天覆地的变化，他要复兴汉室，要一统天下。

大家有没有发现，我们从来没有说过要统一天下，我们说的是一统天下，这是什么道理？到底一统天下跟统一天下有什么不同？一统天下是文化的成果，统一天下是武力的结果，这两种说法是截然不同的。我问各位，金融危机是好事还是坏事？你如果说这怎么能是什么好事呢，当然是坏事，那你说话根本就没动脑筋。其实答案很简单，你看它是好事，它对你来说就是好事；你看它是坏事，它对你来说一定是坏事，一切取决于你的态度。

读历史不要死记硬背人名、地名或毫无意义的年代，而要懂得其中的道理。刘备是不能正面和曹操发生冲突的，诸葛亮用一句话点醒了刘备，到底谁在领导谁，从这里就可以看出来。在形式上，诸葛亮接受刘备的领导；实际上，他完全在领导刘备。他确定的联吴抗曹的策略永远不能改变，一旦改变，曹操就得利，后来就因为刘备改变了这个策略，蜀汉很快就灭亡了。

一个人所说的话，一定要禁得住后面不断地严格考验，如果你的话刚说完，就被旁人用三五句话证明是谬论，那就太糟糕了。诸葛亮终其一生所提出的策略，很少犯错误，这才经得起考验。

以道领导比以术领导要高明，诸葛亮就是用道来领导的，所以没有高低之分。在道的前面，没有所谓的长官部属；在道的前面，没有所谓的尊贵贫贱。但是术就不一样了，术有高低之分，强弱之别。

知足常乐，过好自己的日子

> 一个人要知足常乐，首先要尽力去做，如果尽全力了，就问心无愧，即使再穷再苦，也能自得其乐。

很多人都问过我这样的问题，中国人的追求到底是什么？有人说高官厚禄，有人说金钱财富，有人说身份地位……这些都有一定道理，但都不是最终的追求。

其实，我们真正追求的是两个字——安足。那么，什么状态才是安足？人的一生能否达到安足？首先我们要知道，一个人能否富贵成功，有很大变数。

孔子讲了四个字，安贫乐道，很多人都误解了。孔子讲安贫乐道，并不是不希望我们富有，更不是仇富，或者看不起有钱人。他只教我们要安贫，没有教我们要乐贫。翻查《四书五经》，里面绝对没有说以贫为乐的字句。贫怎么会乐呢？贫跟苦永远是结合在一起的，有人会讲贫苦，没有人讲贫乐的。

但是，人想求富贵，就一定求得到吗？关于这一点，孔子也讲得很明了。孔子说："富而可求也，虽执鞭之士，吾亦为之。"意思是，如果有人跟我保证富贵可以求得，就算是去替人家拉车，我都愿意做。这就在告诉我们，没有人能够保证走哪一条路可以富贵，因为富贵是有变数的。

中国人的人生分两段，就是儒家所讲的下学上达。下学，就是我们要学一些知识，学一些技能，去谋生，但是最后一定要上达。上达就是知天命，要自知就算自己再努力，也不一定会成功，因为能不能成功，不是个人自己所能决定的。

诸葛亮六出祁山，将司马懿困在了大营。没有对战方案和万全之策的司马懿，整日待在大营之中，不敢轻举妄动，生怕一不小心就中了诸葛亮的埋伏。司马懿心里也清楚地知道，诸葛亮非等闲之辈，没有那般好对付。于是，他便想着从诸葛亮军队的粮草来下手，要是断了他们蜀汉军队的粮草，看诸葛亮还能不退兵？

诸葛亮也意识到了司马懿的军事手段，发明出了一种叫作木牛流马的运粮神器。这种运粮工具能够日行千里，不吃不喝地一直行走。这样的伟大发明，无疑解决了诸葛亮的燃眉之急。这样一来，粮草充足，诸葛亮便能够毫无顾虑地继续对抗司马懿了。司马懿潜伏在诸葛亮营中的一位侦察兵来报，说诸葛亮发明了木牛流马，解决了粮草的问题，且粮草已经运到上方谷储存起来了。此时的司马懿意识到自己的计划失败，若有所思。

其实，说到底还是诸葛亮技高一筹，这也是他故意设计迷惑司马懿的招数之一，最主要的目的就是将其引进葫芦谷。此地易守难攻，是个绝佳的军事基地。诸葛亮也老早命人在葫芦谷埋好地雷，四周站满了弓箭手，就等着请君入瓮了。

司马懿在得知上方谷是诸葛亮用来存粮草的地方之后，便准备带着儿子去偷袭，用火一把烧掉粮仓。诸葛亮命魏延引出司马懿出营作战，司马懿果然上当，就这么一步步地进入了葫芦谷中，此时司马懿也感觉到不对，想着要往外撤退。但是，地雷声响起，再加上四周的干柴着火，就只听到了噼里啪啦的声音。司马懿察觉到不对，但为时已晚，他知道，这下子逃不掉了。因为上方谷很狭长，很不容易走动，而蜀兵居高临下，谷底又事先存了很多的油，用不了多久，整个上方谷就会被烧光。

诸葛亮当时心里有点儿得意："你这条老狐狸，看你这回往哪里逃！"司马懿也自知这次跑不掉了，只能等死。可最后老天居然下起了暴雨，两分钟之内就把火浇灭了，司马懿见状立马就带着儿子逃出去。面对这样的情景，诸葛亮无可奈何，只能悲叹汉朝气数已尽。面对这种状况，人只能尽力而为。

我们的一生是有限的，不过在人生规划当中，含有很多可以选择的路径。我们在现实生活当中，一条直路走到底的情况，远不如面对十字路口的机会多。不管我们做出什么抉择，最后的目的地都是相同的。

我们面对自己的人生境遇，好坏都必须承担，这是逃避不了的。老子在《道德经》第十六章说："复命曰常，知常曰明。不知常，妄作，凶。"命就是本性，也就是说若真能够复命，就是恢复人的本性，就能够明白常道；明白常道以后，就是明智的，就是高明的。"不知常，妄作，凶"，是说如果始终不知道常道，就会轻举妄动，胡作非为，然后招致很多祸害。

其实，只要你问心无愧，你就能自得其乐。我已经尽力了，我自己觉得很愉快，我很努力、很认真，就算最后不能成功，也无所谓，这个才是安贫乐道，才是安足。

一个人要知足常乐，但是前提要先扪心自问：我尽了力没有？如果尽全力了，就问心无愧，只要问心无愧，再穷再苦，也能自得其乐。

孔子还告诉我们要随遇而安。有钱了，可以安心地过有钱的日子；受穷了，也不必羡慕别人，不偷不抢，也很安足地过自己的日子。其实，穷的日子，要过得快乐比较容易；富有的日子，要过得快乐比较难。我认识很多很有钱的人，他们的日子实在是不好过。

有一个有钱人，他有一间很大的办公室，里面摆满了世界各地的纪念品，以表示这些地方他都曾去过。一次我去拜访他，到中午了，他就问我要吃什么，我问他平常吃什么。他说："你不来，我平常根本就不吃午饭。"我说："我们去吃海参，去吃鲍鱼。"他急忙摆手："不去！吃怕了，吃得我现在有脂肪肝，有高血压，肚子还这么大，什么都不敢吃了……"

他是很富有，可是什么都不敢吃，有什么快乐？实在饿得没有办法，就买一点生菜，夹到馒头里，就着白开水吃，吃得好不快乐。所以，那些总觉得自己很辛苦的穷人，只要去看看有些富翁的实际生活状况，会发现他们的日子可能比你更难过。

有一个故事是大家都非常熟悉的。楼上住的是富翁，楼下住的是一个专门给人家修鞋的穷人。修鞋的人每天都唱歌，富翁很恼火："我这么有钱都不唱歌，你一个穷光蛋整天唱个不停，难道你比我还快乐吗？"

　　于是，富翁就问他的朋友："为什么我这么有钱，我却快乐不起来，他那么穷，还能唱歌？他是真的快乐还是假的快乐？"他的朋友说："你不要管他是真快乐还是假快乐，这个只有他自己知道。但是我知道，如果你哪一天下楼，把你的财产，不用很多，给他三分之一，他就不会再唱歌了。"富翁于是决定试一试。

　　第二天，他就走到楼下对修鞋人说："你整天生活得这么辛苦，反正我的钱也用不完，我送给你一些吧。"修鞋人感激不尽，可是从此他一首歌都不唱了，天天在烦恼："这个钱要藏哪里呢？别人会不会偷，会不会借？"烦恼得晚上连觉都睡不着了，哪还有心思唱歌？

　　所以，谁也不要去羡慕谁，每个人尽心尽力，过好自己的日子才是正确的态度。那么，怎么才能过好自己的日子？

　　第一，我们要顺从大自然的规律。

　　第二，尽量做一个顶天立地的人，一个光明磊落的人，一个君子。

　　第三，要了解中华文化是与时俱进的。活在当下，要尽心尽力为社会服务，为民众服务。

人生之重，在过程不在结果

🌀 真正的好死，不一定是无疾而终，更不能排除战死沙场。看得见的形态，并不重要；内心的心安理得，才是我们所向往的。

自古以来，谁能够活多久，这并没有固定的计算公式。有些人健壮如牛，从来不生病，却稍有不慎，便一病不起，宣告不治；有些人长年看医生，竟然自己也久病成良医，不但活得长久，也有丰富的治病经验，可供亲朋好友参考。

看来人生最有趣的事情，莫过于谁都知道自己会死，只是没有人知道自己于什么时候、在什么地方，死于何种原因。我们常说：人生的目的，在求得好死。但是"好死"的情况，也各有不同。

那么，诸葛亮算不算好死？"鞠躬尽瘁，死而后已"，是诸葛亮《出师表》中的一句话，一直到现在都被大家引用、传颂，因为人们觉得只有像他这样具有伟大人格的人，才能够下定这样的决心。鞠躬尽瘁，无怨无悔，自己无所求，一直做到死为止，这就是全力以赴，一点儿都没有保留。

即使生命迟暮，精力不济，他也从来没有想过，自己年纪大了，是不是要休息休息，也没有因为自己生病了，多拖一点儿时间把病养好。他只要稍微有一点儿机会，稍微有一点儿希望，就要努力抓住，去完成他曾经对刘备的承诺。诸葛亮的这种精神，一直到现在都被人敬仰。我们学诸葛亮，不仅要学他的机智，更要学他的执着精神。

据说，诸葛亮人生的最后阶段，曾在姜维的提议下，用祈禳之法来延长寿命。对这种既不能反对，也没有权力去赞成的事情，我们只好存疑，所谓存疑就是让每个人自己去感觉。

但我知道，诸葛亮并不相信祈禳之法，也并非真的要靠这一套来延长寿命，这完全是一种障眼法：第一，可以安定人心，告诉大家不要惊慌，只要他作法，就可以再多活几年；第二，在一个不受干扰的场所能够安静调养身体；第三，他要观察一下军中的状况，然后再做最后的决策。

关羽和诸葛亮晚年都过得这么辛苦、艰难，值得吗？我们知道，英雄最怕的就是白头发。一个人到了头发斑白的时候，就说明体力衰退、精力不足了，后面的时间也有限了，心里就会有压迫感。

所以，关羽到最后面对成败时就不再像年轻时那样洒脱。他知道自己的情况已经很糟糕了，身手没有以前灵活，受伤后也恢复得很慢，所以做什么都顾虑重重。诸葛亮也一样，他如果这个时候还年轻力壮，时间和精力都很充沛，就会无所畏惧，可是他知道自己的身体已经不行了。

任何人的生老病死都是必然的过程。因此，诸葛亮在病榻上也急着传授姜维兵法，他知道自己的任务如果不能完成，最起码要有一个可靠的人替他完成。

看到诸葛亮，我们就应该从现在开始想想自己，当阶段性的任务完成以后，下一个阶段要怎么去做。也就是说，每一个企业的经营者对接班人要特别用心，每一个家庭对继承人要特别教养。

话说回来，关羽和诸葛亮都过得这么辛苦，值不值得？我觉得当然值得。如果你有机会做关羽，你不做吗？如果你有机会做诸葛亮，你不做吗？不做才怪！虽然很辛苦，但总归是值得的。

大家都知道，诸葛亮最后没能通过祈禳之法延长寿命，魏延闯进帐中，秋风窜入，祈禳的主灯随之而灭。而诸葛亮只是很平静地面对这件事。一个人可以表达求生的意愿，但意愿能否达成就不得而知了，诸葛亮对此心知肚明。

实际上，每一个人都要合理地怕死——生命可贵，不能轻生。我们常说"好死不如赖活着"，就算活得很辛苦，也要坚持下去，不能轻易放弃。但是，当你应该面对死亡的时候，也不必逃避，不必恐惧，更不能怨恨。诸葛亮表达了求生的意愿，但他更知道不能强求。

人的寿命是有限的，自古以来，人都必有一死，没有人可以例外。可是每一个人都觉得自己的寿命太短暂，只有区区几十年。诸葛亮也这么认为，可他更清楚生死不能由个人决定。这就是人的无奈。

所以，一个人不要奢求自己的寿命可以无限延长，死后躯壳不会腐烂，甚至还会复活，这些都是不可能的。人唯一能做的就是使自己的精神永存于人间，比如老子、孔子、孟子，他们的寿命早已结束，躯体也早已腐烂，但他们的精神留了下来。

诸葛亮也是如此，他在生命的最后时刻，将汇集平生所学的兵书传给了姜维，并流传后世；他更是用自己一生的高风亮节，为我们树立了一个精神楷模。

我们到现在还记得诸葛亮，并从他身上学到很多受益匪浅的智慧，这就是他的"好死"，也是我们民族的福气。"好死"的真实含义，在死得心安、毫无愧疚，更没有遗憾。一般人所想象的寿终正寝，不过是表象而已。真正的好死，不一定是无疾而终，更不能排除战死沙场。看得见的形态，并不重要；内心的心安理得，才是我们所向往的。

于是，问题的关键终于浮现了：由于我们大多数人只知道自己会死，却不明白什么时候会死。为了求得好死，也为了不留遗憾，不致含恨而去，我们必须像曾子那样"每日三省吾身"：替人家计议事情有没有尽心？对朋友有没有不诚信的地方？传授学业有没有不够纯熟的地方？

我们终于明白，富和贵是人人所期盼的，倘若不依正当道理，即使可以得到也不取；贫和贱是人人所厌恶的，若是不依正当道理，就算可以避去也不避。这是我们时刻不可违背的铁律。千万不可存有侥幸的心理，想着先犯一些过失无妨，将来有机会再补回来。

孔子告诉子路，可以向他们这样介绍自己："他的做人，用起功来连饭都忘记吃；时常高兴得一切忧愁都消失了，好像不知道老年就快到临似的。"孔子所日夜思念、天天以身作则教导大众的，便是"大道能够普世推行，世界太平，人民安乐"，因此才有"朝闻道，夕死可矣"的感叹。

这里的"朝""夕"，并不是时间的距离，而是"马上"的意思。"闻道"也不表示听到道理或是听懂道理那么简单，而是实实在在地听到天下太平的好消息。孔子自认倘若有这么一天，就算马上死去，也很乐意。为什么？因为已经死而无憾了。一生的志业已经完成，当然心安理得。死得其时，还有什么不乐意呢？

曾子生病的时候，把弟子聚集在一起，说："看看我的脚，看看我的手！《诗经》上说'战战兢兢，好像站在深潭的旁边，好像踏在薄冰的上面'，现在，我想我的身体可以免于毁伤了吧！"

《孝经》开宗明义指出"身体发肤，受之父母，不敢毁伤"，这是孝道的起点。但是曾子的意思则是，他一生战战兢兢、小心翼翼，是为了不辱父母的名声。希望弟子们务必用功，做到大孝尊亲的地步。

我们把"永生"寄托在心中。只要大家永远心中有孔子，孔子便永远活在大众的心中，称为虽死犹存。孔子所凭借的不是他的家世，也并非他在世时所获得的功名利禄，更谈不上富贵财宝。他之所以成为万世师表，主要是立德。尽管一生不得志也不如意，他终于在"知我者，其天乎"那一刻，悟出生死的大道理。

为什么不一定要为当世的人所拥戴，只要后人记得，孔子便了无遗憾了？因为我们有一件非常珍贵的东西，那就是人人心中有一把尺，用来衡量一切的人、事、物。有史以来，我们对于"人"的量度，都是"德本才末"，从来没有改变。

现代人喜爱成就感，又厌恶挫折感。殊不知有小成就的人，大多不可能获得大成就，就是我们常说的"小时了了，大未必佳"。缺乏挫折感的人，等于没有接受完整的磨炼，稍微冒出头，便被整得头昏眼花，还要怪罪社会太无情，"见不得人家好"。

孔子亲身遭遇"人不知而不愠"的磨炼，终于有了"知我者，其天乎"的感悟。孔子一生求仕不得，求财不得，求颜回为传人也不得，但最终却获得最大的成就。一句"天不生仲尼，万古如长夜"，真正点出了万世师表的伟大光辉，令人由衷钦敬！

有了累世相积的观念，产生传承的使命感，"了生死"自然成为重要的课题。生时要为死后着想，以免不知死活。孔子教导我们"下学而上达"，也就是经由学习一般为人处世的常识，逐渐向上提升，最好能够上达到"知天命"的层次，至少要明白下述三大要点：

第一，此生所为何来？

这一生到底为什么而来？这个问题的答案是人人不相同的。既然有答案，却没有一定的答案，那就要自己不断反省，向内心探求，找到使自己心安的那一个答案。

第二，怎样达成这一生的愿望？

明白这一生的目标和使命，接下来便要寻找合理、方便而有效的方法。因为人生苦短，倘若不能配合妥当的方法，恐怕有心无力，到头来一场空，岂不徒留悔恨？

第三，怎样做到止于至善的地步？

孔子说仁，始终没有说出对仁的定义，或者具体可行的方法，因为当时正是社会混乱、人心不安的时代。孔子只提出简单的"心安则为之"的原则，并未提出具体的要求，应该是居于安定人心、稳定社会的美意。

实际上"仁"是无止境的，值得一辈子去修持。《大学》把它引申为"在明明德，在亲民，在止于至善"，定名为"大学之道"。任何有志成为"了生死"的人，最好能够从修己着手，不断提升自己的品德修养。把"尊道有德"，也就是修来的德，推己及人，由亲而疏，透过具体的为社会人群服务来造福世界。

但是，每一个人的资质不同，身份地位不一样，不妨站在不同的立场，持有同样热情服务的心态，止于各自不同的合理点。一方面恪守本分，一方面尽心尽力，才是恰到好处的度。

人生的重点，在于过程而不是结果。我们只能管制自己的人生过程，结果却有赖于当时的环境变数。孔子说"尽人事以听天命"，便是好好地运用有生之年所有能发挥的力量，真正"不争一时争千秋"，这才是具体有效的"了生死"。不仅口说有理，而且具有玄妙的可操作性。